Grundschule

Roswitha Wurm

Aufmerksamkeit schärfen

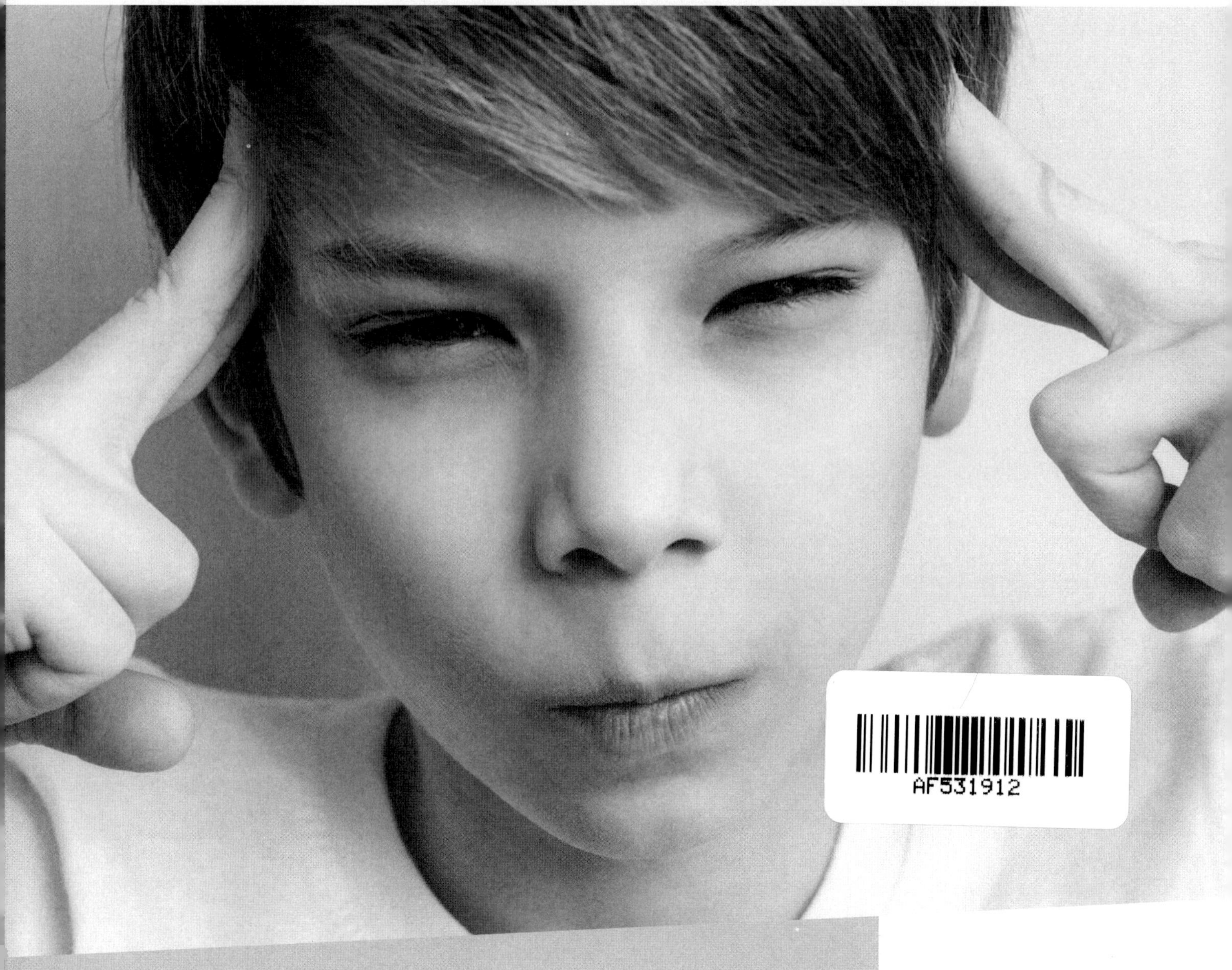

Mit allen Sinnen bei der Aufgabe!

www.kohlverlag.de

AUFMERKSAMKEIT SCHÄRFEN / GRUNDSCHULE

Mit allen Sinnen bei der Aufgabe

1. Auflage 2021

Inhalt: Roswitha Wurm
Coverbild: © Mirrorstudio - fotolia.com
Redaktion: Kohl-Verlag
Grafik & Satz: Kohl-Verlag
Druck: farbo prepress GmbH, Köln

Bestell-Nr. 12 717

ISBN: 978-3-98558-103-0

Bildquellen © AdobeStock.com:

S. 4-6: ahmad; **S. 7:** haris; **S. 8:** brgfx; **S. 9:** topvectors; **S. 10-11:** bsd555; **S. 12:** Style-o-Mat, Idhham, dlyastokiv, alekseyvanin; **S.13:** irwanjos; **S. 14:** dariaustiugova; **S. 15:** artinspiring; **S. 16:** Veris Studio; **S. 19:** bsd555, Style-o-Mat, efengai, naddya, magneto8, Amar, Sweta, Pavel Mastepanov, nasharaga, magneto8, Pavel Bortel, Konovalov Pavel; **S. 21-22:** a7880ss; **S. 23, 26-27:** Style-o-Mat; **S. 29:** faiza; **S. 30:** Style-o-Mat, wektorygrafika, Marc, josepperianes, Stockgiu, Veronika, Aayam 4D, Georgi, kaif, martialred; **S. 31:** nadiinko; **S. 32:** kharlamova_lv; **S. 34:** sdp_creations; **S. 35-36:** bsd555; **S. 42:** ronnarid; **S. 43:** graphixmania; **S. 44-63:** AGUS **S. 44:** yusufdemirci; **S. 45:** endstern; **S. 46-47:** Yael Weiss; **S. 49:** Do Ra; **S. 52-54:** Sergey YAkovlev, naddya, sangart, LE2PAGE, anatolir, dzm1try; **S. 55-57, 59:** Yael Weiss; **S. 60:** Do Ra; **S. 61:** sean824; **S. 62:** naum; **S. 63:** Yael Weiss

Inhaltsverzeichnis

Vorwort

Ein weiser alter Mann wurde einmal gefragt: „Warum hast du in deinem Leben so viel erreicht?" Ohne zu zögern, antwortete er: „Mein Geheimnis ist: Wenn ich sitze, dann sitze ich. Wenn ich stehe, dann stehe ich. Wenn ich gehe, dann gehe ich!" „Ja, aber das tun wir doch auch," lautete die Antwort seiner Fragesteller. Da schüttelte der weise Mann den Kopf und meinte: „Nein, das stimmt nicht, wenn ihr sitzt, dann steht ihr schon. Wenn ihr steht, dann geht ihr bereits ...!"

Der alte Mann wusste: Was auch immer wir tun, es ist wichtig, dass wir es mit unserer ganzen Aufmerksamkeit machen. Das heißt unser Ansinnen, unsere Gedanken und unsere Konzentration soll ganz auf diese Sache gerichtet sein. Genau das fällt uns allerdings zunehmend schwer. Zu viele Ablenkungen strömen in unserer schnelllebigen Zeit auf uns ein.

Die Übungen in diesem Heft helfen Grundschüler*innen ihre „Gedanken bei der Sache zu halten". Dies ist wichtig, um den Anforderungen des Schreiben- und Lesenlernens gewachsen zu sein. Besonders für Kinder mit Lese- und Schreibschwächen ist dies unabdingbar. Aber auch alle anderen Kinder werden von diesen vielfach in der Praxis erprobten Übungen profitieren.

Die einzelnen Aufmerksamkeitsübungen sind in drei Schwierigkeitsgraden aufgebaut. Die ersten zwanzig Übungsaufgaben sind einfache Aufgaben. Die nächsten zwanzig Aufgaben beinhalten eine kognitive Zusatzaufgabe. Die letzten zwanzig Übungsblätter sind Multitasking-Aufgaben, die bereits durch ihre Aufgabenstellung die volle Aufmerksamkeit fordern. Für diese Übungen benötigt ihr ein kleines Glöckchen und eine zweite Person, die euch im Laufe der Übungen ein Signal gibt. Wer kein Glöckchen zur Hand hat, kann auch einfach in die Hände klatschen.

Alle Aufgabenstellungen sind zur leichteren Lesbarkeit in Grundschrift und in einfachen Worten erklärt, damit die Kinder die Aufgabenstellungen selbst lesen und deren Lösung überlegen können. Dies trainiert gleichzeitig das Leseverständnis. So üben die Schüler*innen wichtige Kompetenzbereiche.

Die Arbeitsblätter lassen sich sowohl zuhause, im Therapie- und Trainingsbereich, sowie im Klassenverband zur Förderung der Aufmerksamkeit einsetzen.

Viel Spaß beim aufmerksamen Trainieren wünschen das Kohl-Verlags-Team und

Roswitha Wurm

1 Aufmerksamkeitsübungen ohne Differenzierung

Herzlich willkommen im Zirkus Martinelli! Bunt gekleidete Frauen und Männer machen schwierige Übungen mit bunten Bällen. Das nennt man Jonglieren. So viele Bälle! Nimm verschiedene Farbstifte. Kannst du die Kästchen mit den gleich gemusterten Bällen mit derselben Farbe anmalen? So entsteht ein buntes Bild!

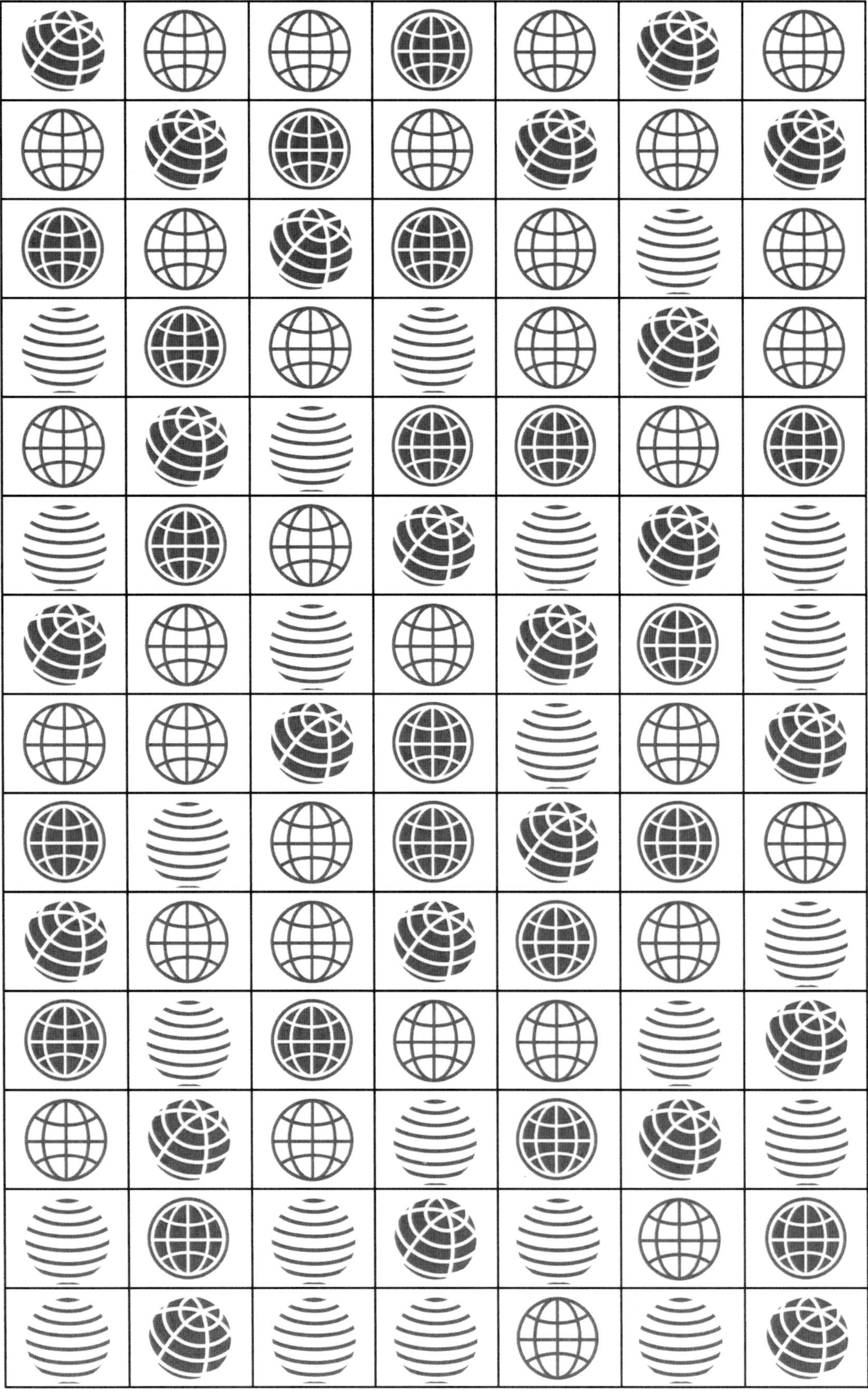

KOHL VERLAG AUFMERKSAMKEIT SCHÄRFEN Mit allen Sinnen bei der Aufgabe! Grundschule – Bestell-Nr. 12 717

Aufmerksamkeitsübungen ohne Differenzierung

Jeden Abend werden die Bälle in einer bestimmten Reihenfolge auf den Boden gelegt. Die oberste Reihe ist die richtige Reihe. Streiche in den darunter stehenden Reihen die Bälle durch, die falsch angeordnet sind. Der erste Fehler ist bereits durchgestrichen:

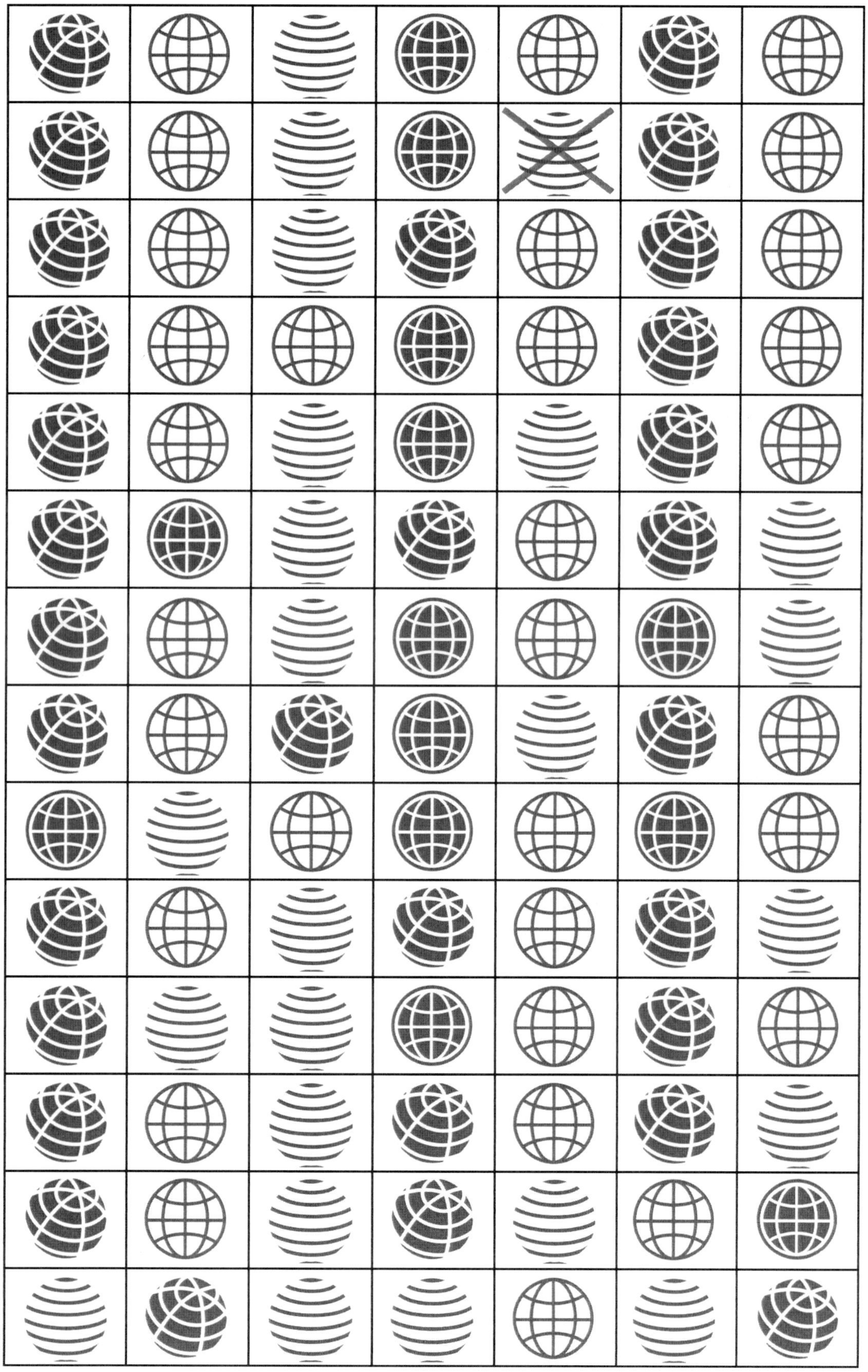

AUFMERKSAMKEIT SCHÄRFEN Mit allen Sinnen bei der Aufgabe! Grundschule – Bestell-Nr. 12 717

Aufmerksamkeitsübungen ohne Differenzierung

Folge den Bällen immer in dieser Reihenfolge 

Dann erfährst du, wer diese vier Bälle jongliert. Beginne links oben. Du darfst auch „ums Eck" fahren.

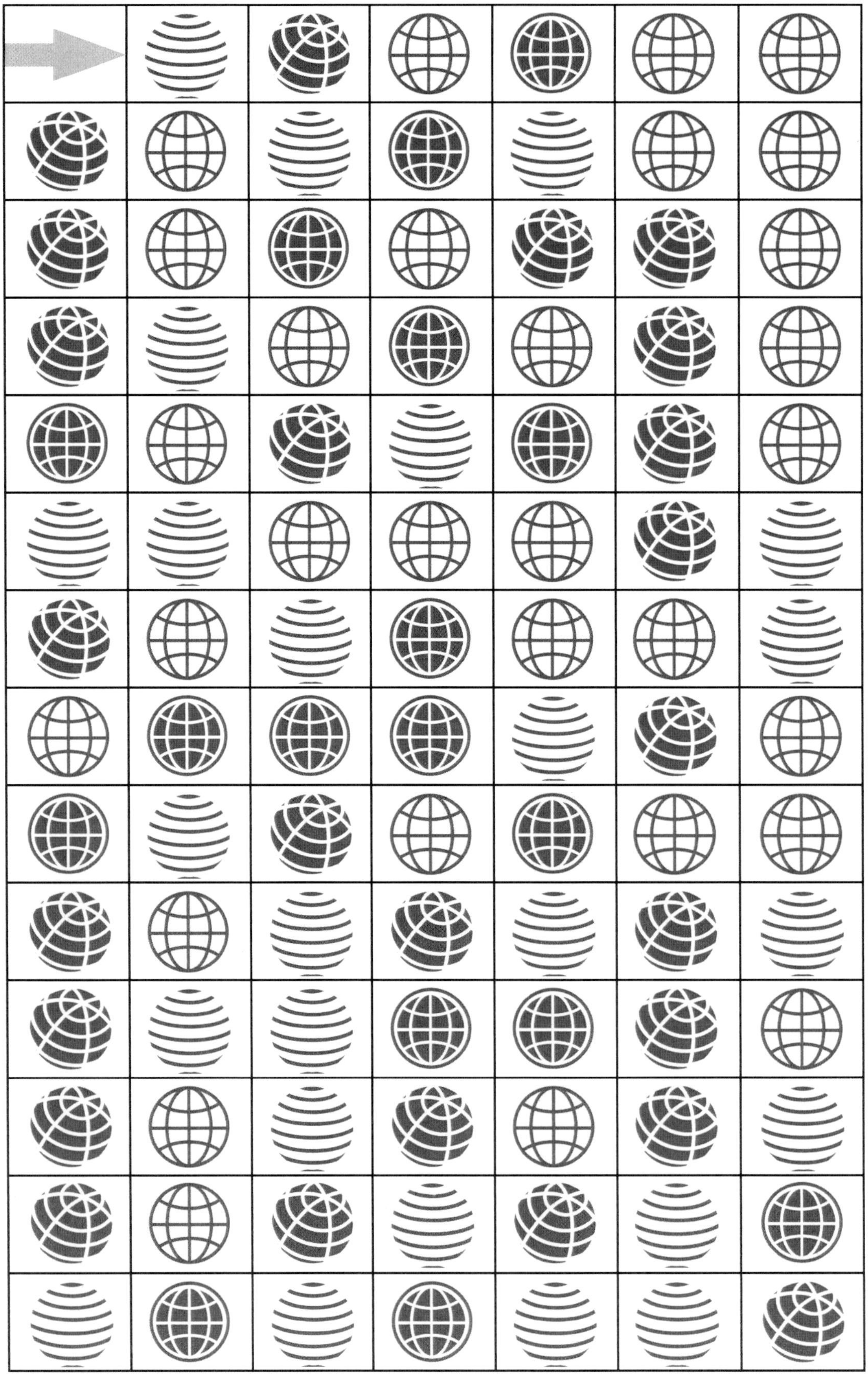

Noemi Nina Mark

Aufmerksamkeitsübungen ohne Differenzierung

So viele Schafe stehen auf Bauer Jakobs Weide.
Kreise alle schwarzen Schafe, die nach links schauen mit einem blauen Stift ein.
Male alle weißen Schafe, die nach rechts schauen mit einem gelben Stift an.

 Aufmerksamkeitsübungen ohne Differenzierung

Nina und Sina sind Zwillinge. Sie räumen ihre Spielsachen am Abend in zwei Kisten. Eine gehört Nina und eine Sina. Sie haben alle Spielsachen doppelt.
Ein Spielzeug fehlt in der unteren Kiste. Welches ist es?

KOHL VERLAG Lernen mit Erfolg
AUFMERKSAMKEIT SCHÄRFEN Mit allen Sinnen bei der Aufgabe! Grundschule – Bestell-Nr. 12 717

1 Aufmerksamkeitsübungen ohne Differenzierung

Lisa macht heute Obstsalat. Dafür verwendet sie verschiedene leckere Früchte.
In diesen Buchstabenketten haben sich die verschiedenen Obstsorten versteckt.
Male dafür jeden 3. Buchstaben mit einem roten Stift an. Welche Früchte verwendet Lisa?

Mache es so: NMBJKAOPNHEAKLNFSEK Banane

ERAOLPNBFUIESDLFS

MAEGIRASDKLBOREHTESERLOEGRNS

KOMZUAERNSUGEROT

HUBOLINLRETNZUES

OPHASILOMZUBOPEKLEUZRMKEGHNI

GHAZUNREADFNGHAOPST

BUHZUEGRIKLDLOESTLKIBFREWMELJRVFEMKNG

SEOTRRZUAFENHIGSTER

KOHL VERLAG AUFMERKSAMKEIT SCHÄRFEN Mit allen Sinnen bei der Aufgabe! Grundschule – Bestell-Nr. 12 717

Aufmerksamkeitsübungen ohne Differenzierung

Sara hat am Meer viele Muscheln gesammelt.
Kreise in jeder Zeile die beiden gleichen Muscheln ein.
Wenn du die darunter stehenden Buchstaben der Reihe nach liest, bekommst du ein Lob!

V	G	N	F	U	R	T	S	G
A	F	T	H	U	G	O	P	E
S	E	B	H	R	K	L	M	D
T	R	A	U	S	C	H	I	T
C	H	U	R	A	S	Z	E	T

Lösung:

Das hast du wirklich ___ ___ ___   ___ ___ ___ ___ ___ ___ ___ !

AUFMERKSAMKEIT SCHÄRFEN Mit allen Sinnen bei der Aufgabe! Grundschule – Bestell-Nr. 12 717

Aufmerksamkeitsübungen ohne Differenzierung

Sara hat noch viel mehr Muscheln gesammelt.
Wenn du auch dieses Rätsel lösen kannst, dann erfährst du was du bist!

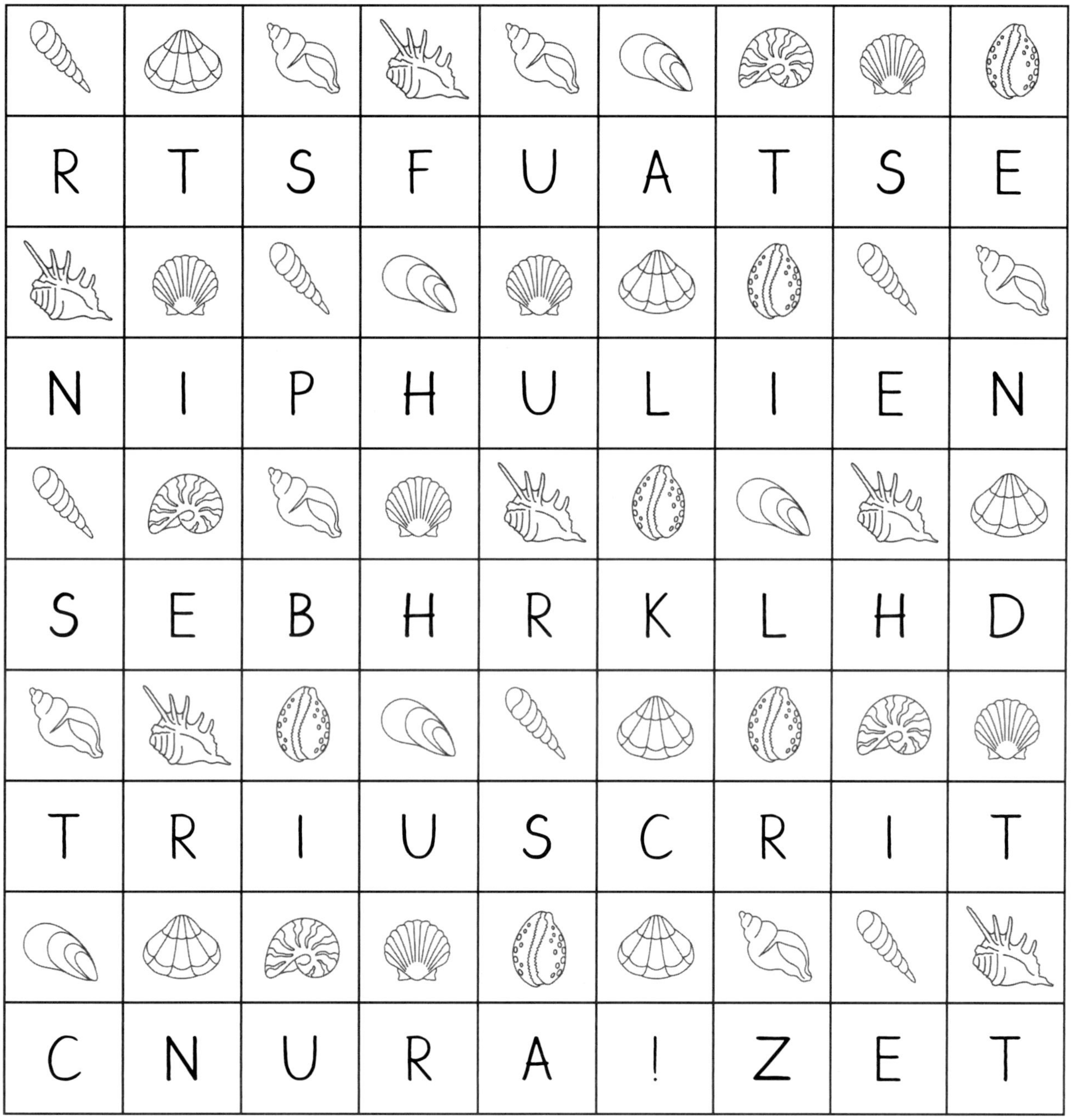

R	T	S	F	U	A	T	S	E
N	I	P	H	U	L	I	E	N
S	E	B	H	R	K	L	H	D
T	R	I	U	S	C	R	I	T
C	N	U	R	A	!	Z	E	T

Lösung:

Das hast du wirklich ein __ __ __ __ __ __ __ __ __ __

AUFMERKSAMKEIT SCHÄRFEN Mit allen Sinnen bei der Aufgabe! Grundschule – Bestell-Nr. 12 717
KOHL VERLAG

Aufmerksamkeitsübungen ohne Differenzierung

Kannst du Sara auch beim Lösen der nächsten Aufgabe helfen?
Markiere wieder in jeder Zeile die beiden gleichen Zeichen an und schreibe die darunter stehenden Buchstaben der Reihe nach auf. Dann erfährst du, was du sein musst, um diese Aufgaben zu lösen.

A	M	E	R	U	T	E
O	F	G	I	M	N	E
K	O	E	F	S	R	T
B	A	M	K	I	N	S
L	A	S	A	M	I	N

Lösung:

Du bist sehr ___ ___ ___ ___ ___ ___ ___ ___ ___ ___!

AUFMERKSAMKEIT SCHÄRFEN Mit allen Sinnen bei der Aufgabe! Grundschule – Bestell-Nr. 12 717

 Aufmerksamkeitsübungen ohne Differenzierung

Noah geht mit seinen Eltern in den Zoo. Am besten gefallen ihm die Affen, die in ihrem Gehege flink herumklettern und sich von einem Ast zum anderen schwingen. Noah versucht die Affen zu zählen. Kannst du ihm helfen?
Wie oft findest du das Wort AFFE pro Zeile? Kreise die Wörter ein.

AFFAFFEFFAFFEFAFAEFFAAFFEEAFFEAEFAAF
FEAFEFEFFEAEFEAFFEFEAEFFAEAFFAEAFFE
FEEAFAFFEAFFEEFAEAEAAEFFAEFFAEAFFEA
FAEAFAEAFAFFEAEAFAEAAEAAEAFFEAFAEAF
FAFFEAFEAFFEAFEAAFFAEFAFFEAEAFAEAFAEA
FEAFFFEAFAAFFEAFAEFAEEFEAEAFFEAFAEA
FAEAFFEAFAEAFFEAFAEAFFFAEFAFFEAFAEAF
FEFEFFAAFFEAFAEFAAFFAAFFAAFFAEAFAEF
FAEAFFEAFAEEAFFEAFAEFFFAEAAAEAFFEA
FAEAAFFEAFAEAFEAFAEFFEFFEAEAFFEFAEA
FAEAFAAFFEAFAEFFFEAFAAFFEAFAEAFFEAF
FEAFAEFAFFEAFAEAFAFFEAFAEAFFEAFAFFEA
FAEFAFFEAFAEAFFEAFAEAFFEAFAEAAAAEAFE
AFFEAFAEFAEFAEEEFAEAFFEAFAEAFFEAFF
FEAFAAEEFAFFEAFAEAFFEAFAFFEAFAEAFFA
FAFFEAFAEFFAFAEFAFFEAFAEAFAFFEAFAFFEA
FAEAFFEAFAEFFAEAFFEAFEAFFEAFAEEAFFEA
FAEEFAFFEAFAFFEAFAEAFFAEFAAFFEAFAEAF
FEAFFEAFFEAFFEFEAFAEAFAFFEAFAEAFFAF
FEAFEAAFFEAFAAFFEAFFEAEFEFAEAFFE
AFAFFEA

Jetzt ist Noah erschöpft!
Aber er weiß nun: Es sind _______ Affen im Gehege!

Aufmerksamkeitsübungen ohne Differenzierung

Heute kommt Oma auf Besuch. Nina möchte sie überraschen. Deswegen backt sie einen leckeren Kuchen für ihre Oma. Wenn du alle doppelten Buchstaben auf dieser Seite durchstreichst, kannst du mit den übrig gebliebenen das Lösungswort bilden.

W O

B

G K F

H

Z

L

M O

P S

A

M F

R

E D A

I

N

P W N D

L

B

G

C

Z

E

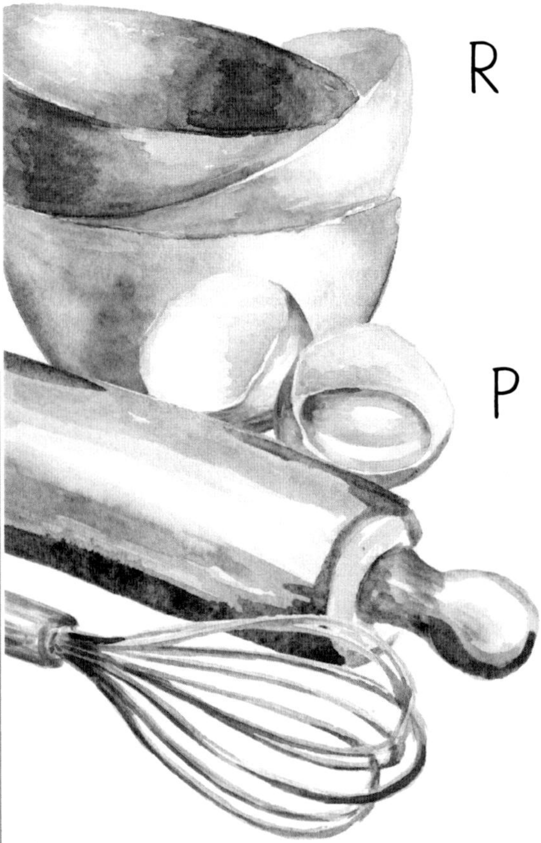

Nina backt einen ___ ___ ___ ___ ___ ___ kuchen.

Aufmerksamkeitsübungen ohne Differenzierung

Heute spielen Luka und seine Schwester Sophie Zirkus. Sie möchten ihre Eltern, Großeltern, Onkeln und Tanten dazu einladen. Deshalb basteln sie Eintrittskarten. Die Buchstaben auf den Karten sind immer gleich, aber Achtung: die Zahlen sind verschieden.

2 Karten sind jeweils gleich. Suche die Paare.

Male immer die beiden gleichen Karten in derselben Farbe an.

LR56ZU78JK	LR34ZU78JK	LR56ZU22JK	LR33ZU99JK
LR83ZU22JK	LR39ZU87JK	LR07ZU77JK	LR66ZU88JK
LR44ZU88JK	LR11ZU88JK	LR56ZU22JK	LR09ZU88JK
LR09ZU88JK	LR39ZU87JK	LR19ZU88JK	LR56ZU78JK
LR23ZU88JK	LR34ZU78JK	LR33ZU99JK	LR23ZU88JK
LR56ZU98JK	LR83ZU22JK	LR11ZU88JK	LR44ZU88JK
LR07ZU77JK	LR19ZU88JK	LR66ZU88JK	LR56ZU98JK

KOHL VERLAG AUFMERKSAMKEIT SCHÄRFEN Mit allen Sinnen bei der Aufgabe! Grundschule – Bestell-Nr. 12 717

1 Aufmerksamkeitsübungen ohne Differenzierung

Lisa und Noah fahren mit ihren Eltern mit dem Auto in den Urlaub. Sie haben sich ein lustiges Spiel ausgedacht.
Lisa liest die Nummerntafeln, der vorbeifahrenden Autos rückwärts vor. Lukas muss sie in der richtigen Reihenfolge aufsagen. Verbinde die Nummerntafeln, die zusammengehören.

ZT765U98E

MO332FG67H

MO654RT3

X798TZ65UR

F43ER465TZ

RU789UI65A

RU56ZT897X

E89U567TZ

ZT564RE34F

H76GF2330M

A56IU987UR

3TR456OM

AUFMERKSAMKEIT SCHÄRFEN Mit allen Sinnen bei der Aufgabe! Grundschule – Bestell-Nr. 12 717

Aufmerksamkeitsübungen ohne Differenzierung

Kannst du Leon helfen diese kniffelige Aufgabe zu lösen?
Kreise dieselben Zeichen jeweils mit derselben Farbe ein.
Du brauchst 8 verschiedene Farbstifte.

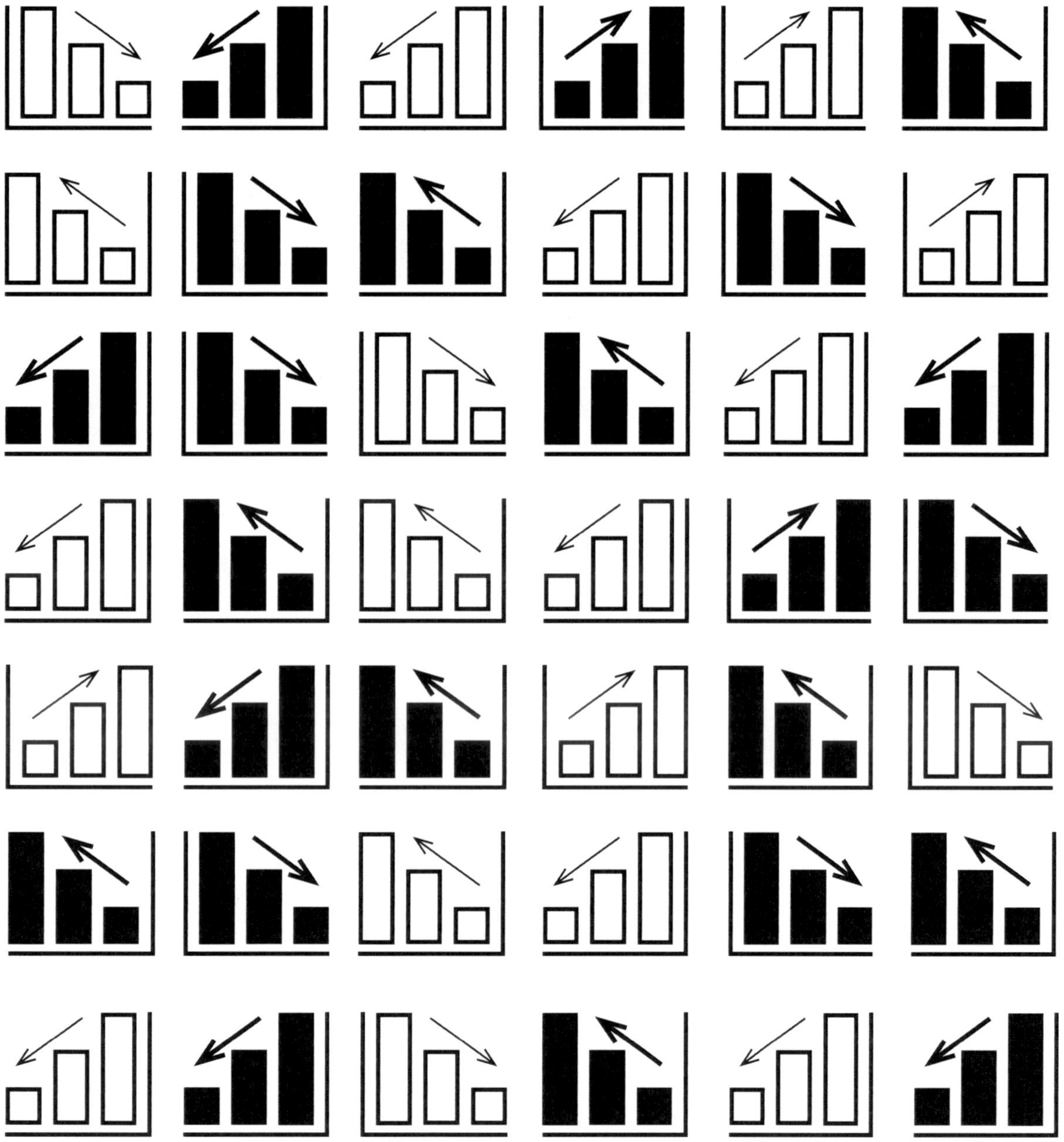

KOHL VERLAG AUFMERKSAMKEIT SCHÄRFEN Mit allen Sinnen bei der Aufgabe! Grundschule – Bestell-Nr. 12 717

 Aufmerksamkeitsübungen ohne Differenzierung

Leon hat richtig Spaß am Lösen kniffeliger Aufgaben. Du auch? Dann hilf ihm gleich beim Lösen der nächsten Aufgabe!
In den untenstehenden Kästchen stehen untereinander dieselben Wörter. Doch Vorsicht! Es haben sich manche Fehler eingeschlichen! Streiche die Fehler an!

Katzenfutter	Bananenschale	Baumstamm
Katzenfutter	Bnaanenschale	Baumstamm
Hundehütte	Perlenkette	Sofakissen
Hnudehütte	Perlenkette	Sofakisten
Spaßvogel	Badeteich	Rosenbogen
Spaßveogl	Badetiech	Rosenbogen
Bernstein	Ritterburg	Blumenstock
Bernstien	Ritterburg	Blumenstock
Zitronensaft	Glückwunschkarte	Nadelkissen
Zirtonensaft	Glückwunschkrate	Nadelkissen

Wie viele Fehler hast du gefunden? ____________

KOHL VERLAG AUFMERKSAMKEIT SCHÄRFEN Mit allen Sinnen bei der Aufgabe! Grundschule – Bestell-Nr. 12 717

 Aufmerksamkeitsübungen ohne Differenzierung

Wie oft findest du in dieser Vogelschar einen schwarzen Pfau vor einer schwarzen Ente und einer weißen Gans?

 Aufmerksamkeitsübungen ohne Differenzierung

Samuel und Dina lieben es, sich zu bewegen. Wenn du die folgenden Buchstaben in der richtigen Reihenfolge liest, erfährst du die Lieblingssportarten der beiden Kinder.

Dina sagt: „Ich spiele gerne ___________________!"

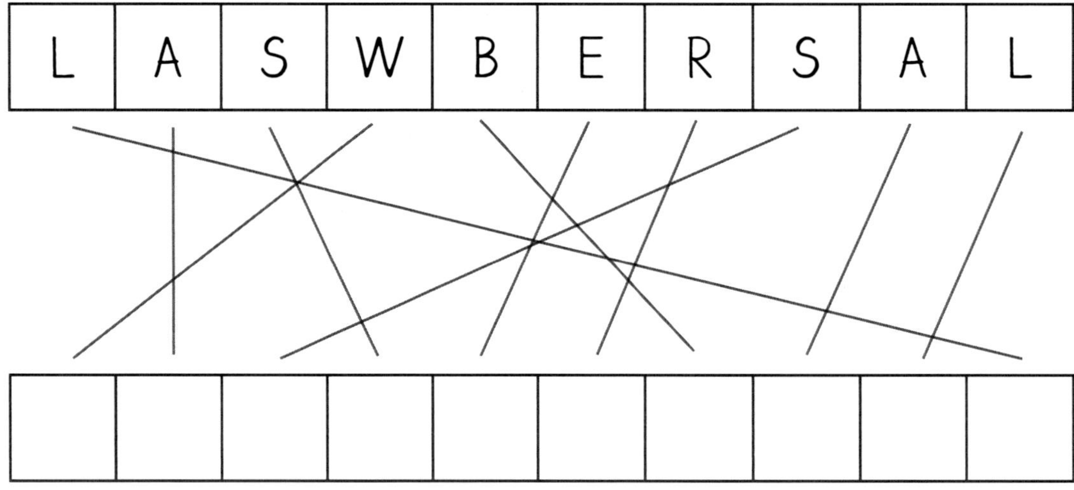

Samuel meint: „Ich liebe __________________!"

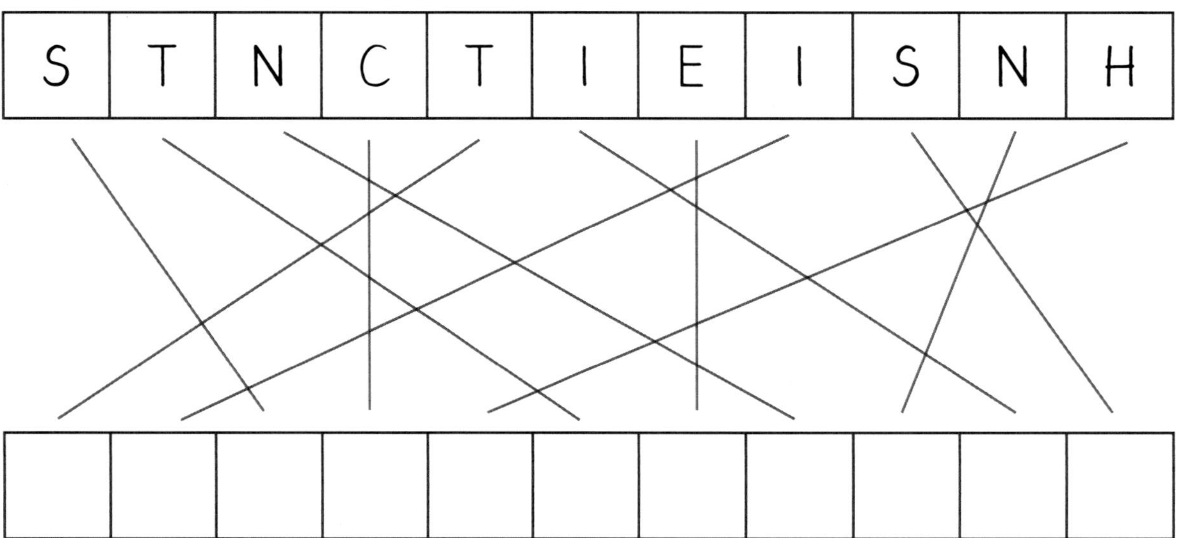

KOHL VERLAG AUFMERKSAMKEIT SCHÄRFEN Mit allen Sinnen bei der Aufgabe! Grundschule – Bestell-Nr. 12 717

Aufmerksamkeitsübungen ohne Differenzierung

Kitty, das kleine Kätzchen, ist sehr lebhaft. Oft ist Kitty fröhlich, manchmal schlecht gelaunt und dann wieder neugierig. Jedes Bild kommt zweimal vor. Ein Bild findest du nur einmal. Finde heraus, welches es ist. Kitty hat auf dem gesuchten Bild einen richtigen ...

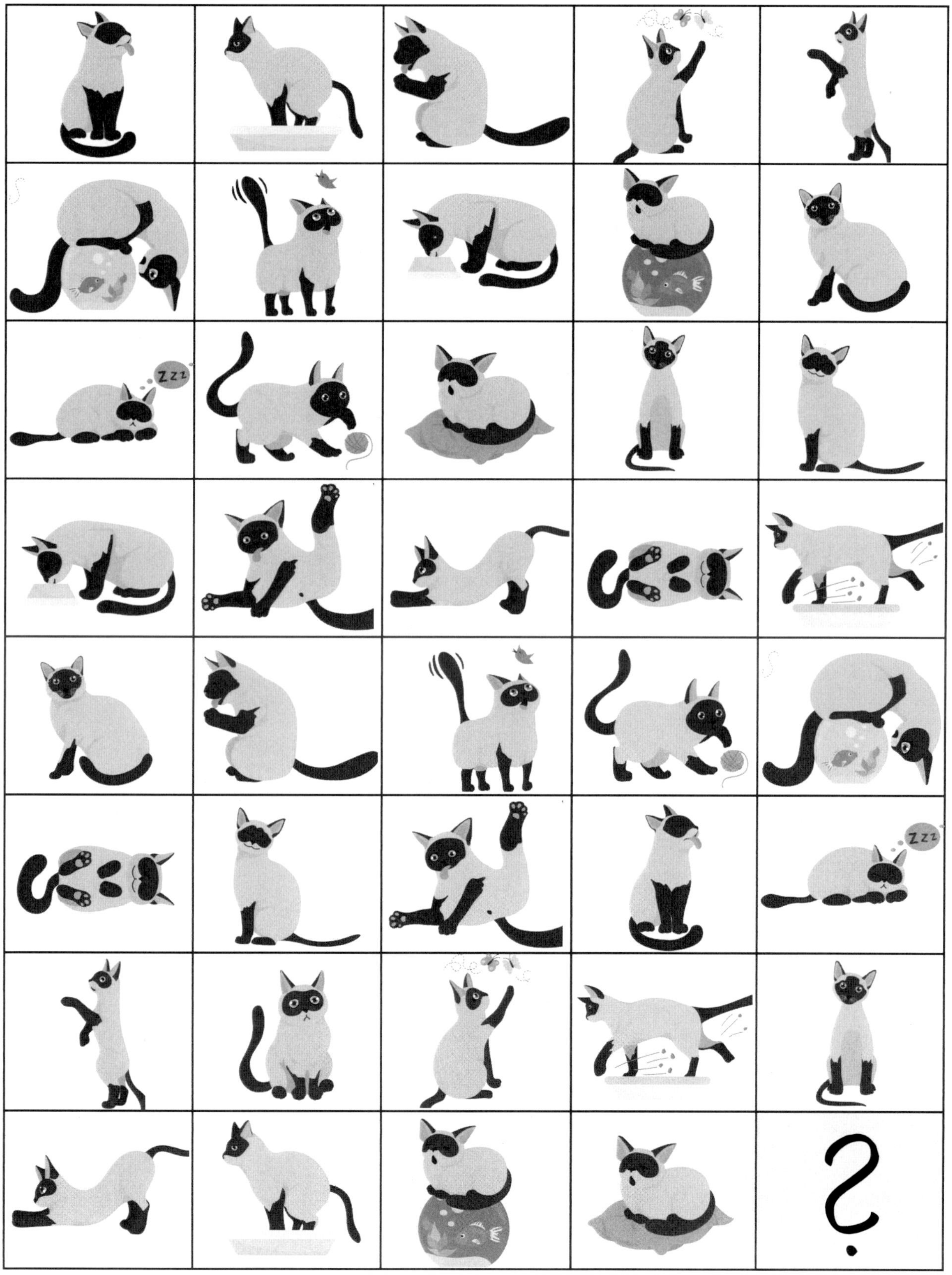

(... wenn du das Wort von hinten liest, weißt du die Lösung: REMMAJNEZTAK)

AUFMERKSAMKEIT SCHÄRFEN Mit allen Sinnen bei der Aufgabe! Grundschule – Bestell-Nr. 12 717
KOHL VERLAG

1 Aufmerksamkeitsübungen ohne Differenzierung

Lies die Wörter vom kleinsten zum größten Buchstaben.
Wie heißt das Wort?
Schreibe es auf und lies es laut vor:

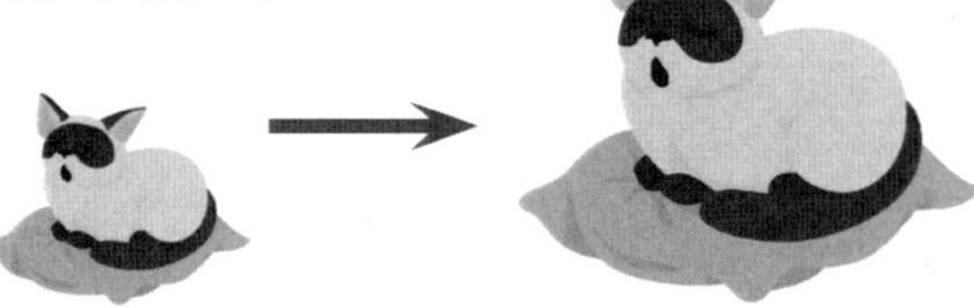

MERMOS EGFRA RTIWNE

__________ __________ __________

TEHF ZREKE ASHIMCMWDB

__________ __________ __________

NABNEA LFPAE TROTE

__________ __________ __________

AHAER TOBS MULEB

__________ __________ __________

SMAFPULE SBUTNRATFAE

__________ __________

Und zu guter Letzt ein Stückchen OKLASHCDEO

____

KOHL VERLAG AUFMERKSAMKEIT SCHÄRFEN Mit allen Sinnen bei der Aufgabe! Grundschule – Bestell-Nr. 12 717

1 Aufmerksamkeitsübungen ohne Differenzierung

Noah und Linus konnten bisher alle Aufgaben lösen. Du auch? Kannst du ihnen auch bei der nächsten Aufgabe helfen?
Kreise die Buchstaben, die gleich groß sind mit derselben Farbe ein. Du benötigst 4 verschiedene Farbstifte.
Die einzelnen Buchstaben, die in derselben Farbe eingekreist sind, ergeben jeweils ein Wort, wenn du sie von oben nach unten liest.
Reihe die Wörter der Größe nach (vom größten zum kleinsten) an. So ergibt sich ein Satz, den Noah und Linus nach dem Lösen der Aufgaben gleichzeitig gerufen haben.

Lösung: ______ _____ _____ _____ !

Aufmerksamkeitsübungen mit Differenzierung

Mika bemalt eine Tischdecke. Das macht Spaß!
Hilfst du ihr dabei?

Die Aufgabe, die du lösen musst, ist ein bisschen knifflig. Male die Decke nicht in den Farben an, die darauf beschrieben werden, sondern in den vorgegebenen Farben der unteren Decke. Damit du weißt, was gemeint ist, sind die ersten beiden Kästchen schon angemalt.

blau	grün	rot	braun	gelb	rosa	blau	rot	grau
grün	gelb	grün	rot	rosa	grau	gelb	grün	gelb
braun	rot	gelb	blau	grün	gelb	rot	blau	grau
gelb	grau	blau	gelb	blau	braun	rosa	gelb	rot
rot	gelb	rosa	rot	rot	grau	grün	rot	grün
grau	rot	grün	gelb	grün	rosa	gelb	blau	gelb
grün	blau	gelb	rot	gelb	braun	rot	grün	rot

Nach dieser Vorgabe sollst du die Tischdecke anmalen:

gelb	rot	gelb	grau	rot	blau	grau	rosa	grün
gelb	grau	rot	gelb	grün	gelb	rot	blau	grün
rot	rosa	grün	rot	rosa	blau	grün	rosa	rot
grün	braun	gelb	grün	rosa	grau	gelb	rot	grün
braun	rosa	grün	blau	braun	gelb	rosa	blau	gelb
rosa	braun	gelb	blau	rosa	braun	grün	rot	grün
gelb	rosa	rot	grau	grün	rosa	gelb	blau	gelb

AUFMERKSAMKEIT SCHÄRFEN Mit allen Sinnen bei der Aufgabe! Grundschule – Bestell-Nr. 12 717

Aufmerksamkeitsübungen mit Differenzierung

Das Bemalen der Tischdecke war ganz schön schwierig.
Das hast du gut gemacht!
Deine Decke sieht jetzt so aus:

blau	grün	rot	braun	gelb	rosa	blau	rot	grau
grün	geöb	grün	rot	roas	grau	gelb	grün	gelb
braun	rot	gelb	blau	grün	gelb	rot	blau	grau
gelb	grau	blau	gelb	blau	braun	rosa	gelb	rot
rot	gelb	rosa	rot	rot	grau	grün	rot	grün
grau	rot	grün	gelb	grün	rosa	gelb	blau	gelb
grün	blau	gelb	rot	gelb	braun	rot	grün	rot

Mika hat eine Idee:
Sie versucht nun die Farben der Reihe nach zu lesen. Aber nicht die Wörter, sondern die Farben, in denen die Kästchen angemalt sind.
Sie liest: „Gelb – rot – gelb – grau ...!"

Kannst du das auch?

Danach liest Mika die geschriebenen Wörter. Dabei muss sie gut aufpassen, dass sie sich nicht von den Farben, mit denen sie die Decke angemalt hat, ablenken lässt.

Kannst du die Farben fehlerfrei zu lesen?

AUFMERKSAMKEIT SCHÄRFEN Mit allen Sinnen bei der Aufgabe! Grundschule – Bestell-Nr. 12 717

2 Aufmerksamkeitsübungen mit Differenzierung

Verbinde die Buchstaben des Alphabets so schnell du kannst von A bis Z!
Vier Buchstaben kommen doppelt vor, male sie rot an. Kannst du aus diesen 4 Buchstaben ein Wort bilden? Es beschreibt einen wichtigen Beruf.

Die doppelten Buchstaben sind:

__, __, __ und __!

Erkennst du den Beruf: __ __ __ __

AUFMERKSAMKEIT SCHÄRFEN Mit allen Sinnen bei der Aufgabe! Grundschule – Bestell-Nr. 12 717

KOHL VERLAG

2 Aufmerksamkeitsübungen mit Differenzierung

Verbinde die Zahlen ihrer Wertigkeit nach miteinander. Beginne mit der niedrigsten Zahl!
Vorsicht: Es kommen nicht alle Zahlen vor!
Und ob eine Zahl größer oder kleiner geschrieben ist, hat nichts mit ihrer Wertigkeit zu tun!

Die niedrigste Zahl ist: ____

Die höchste Zahl ist: ____

KOHL VERLAG AUFMERKSAMKEIT SCHÄRFEN Mit allen Sinnen bei der Aufgabe! Grundschule – Bestell-Nr. 12 717

2 Aufmerksamkeitsübungen mit Differenzierung

Sina liebt es Perlen aufzufädeln. Sie hat schon viele Ketten gebastelt. Am liebsten fädelt sie die Perlen in einer bestimmten Reihenfolge auf.
Kannst du ihr helfen? Zeichne die Perlen mit den richtigen Zahlen.

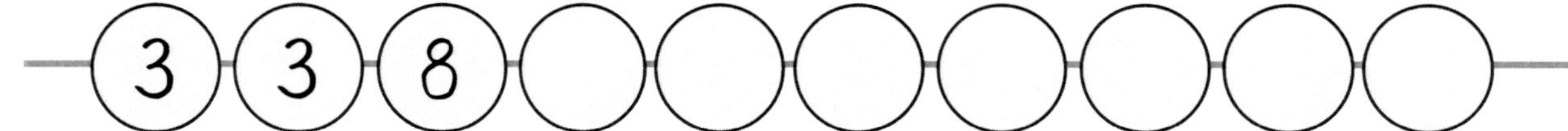

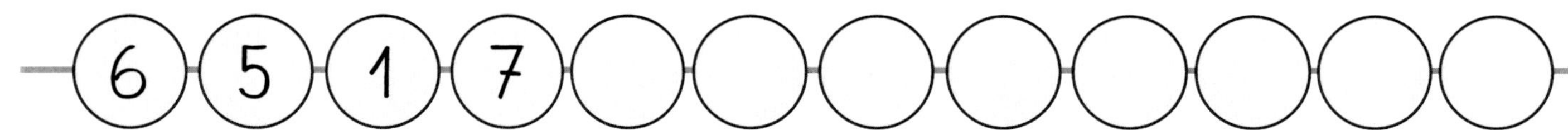

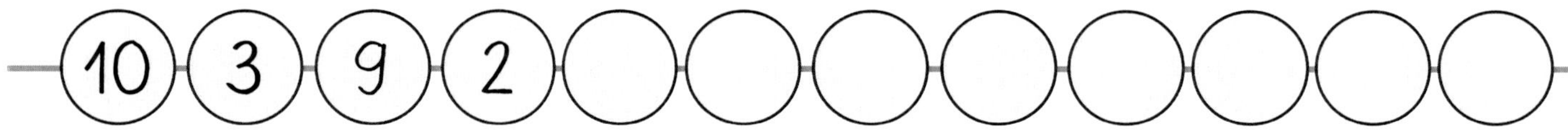

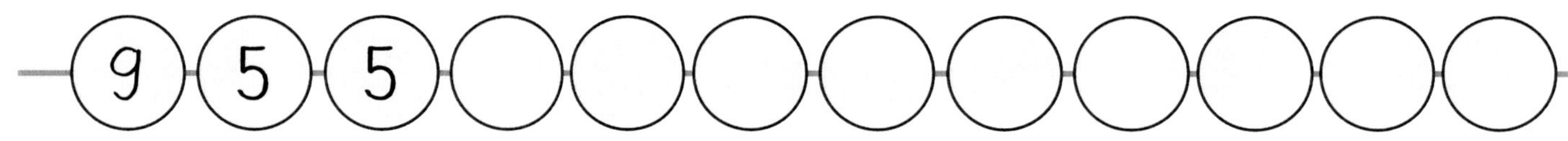

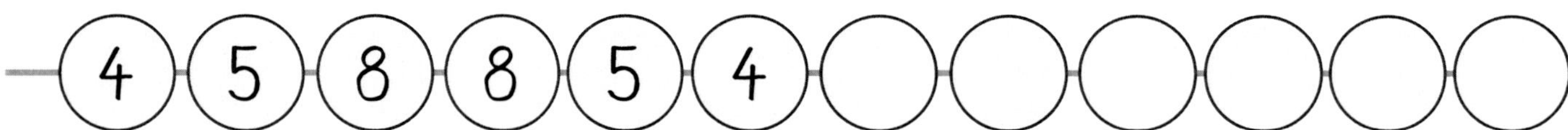

Hier kannst du dir eine eigene Kette malen:

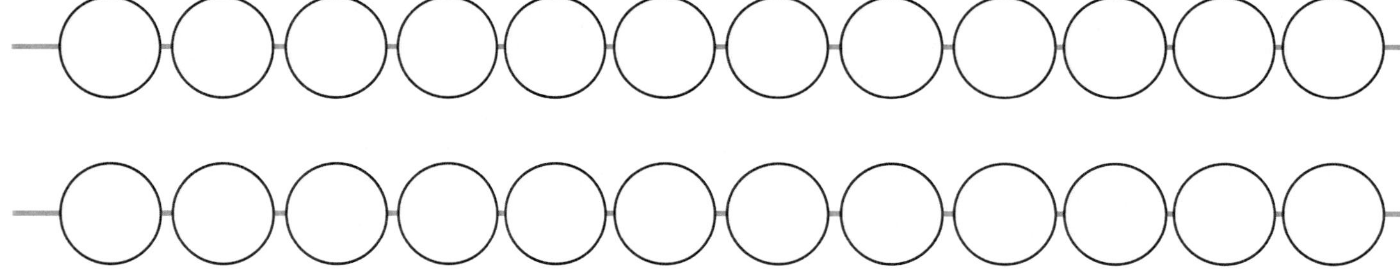

2 Aufmerksamkeitsübungen mit Differenzierung

So viele Häuser!
Streiche jedes dritte Haus durch.
Umkreise gleichzeitig jedes Haus, das ein rundes Fenster hat.

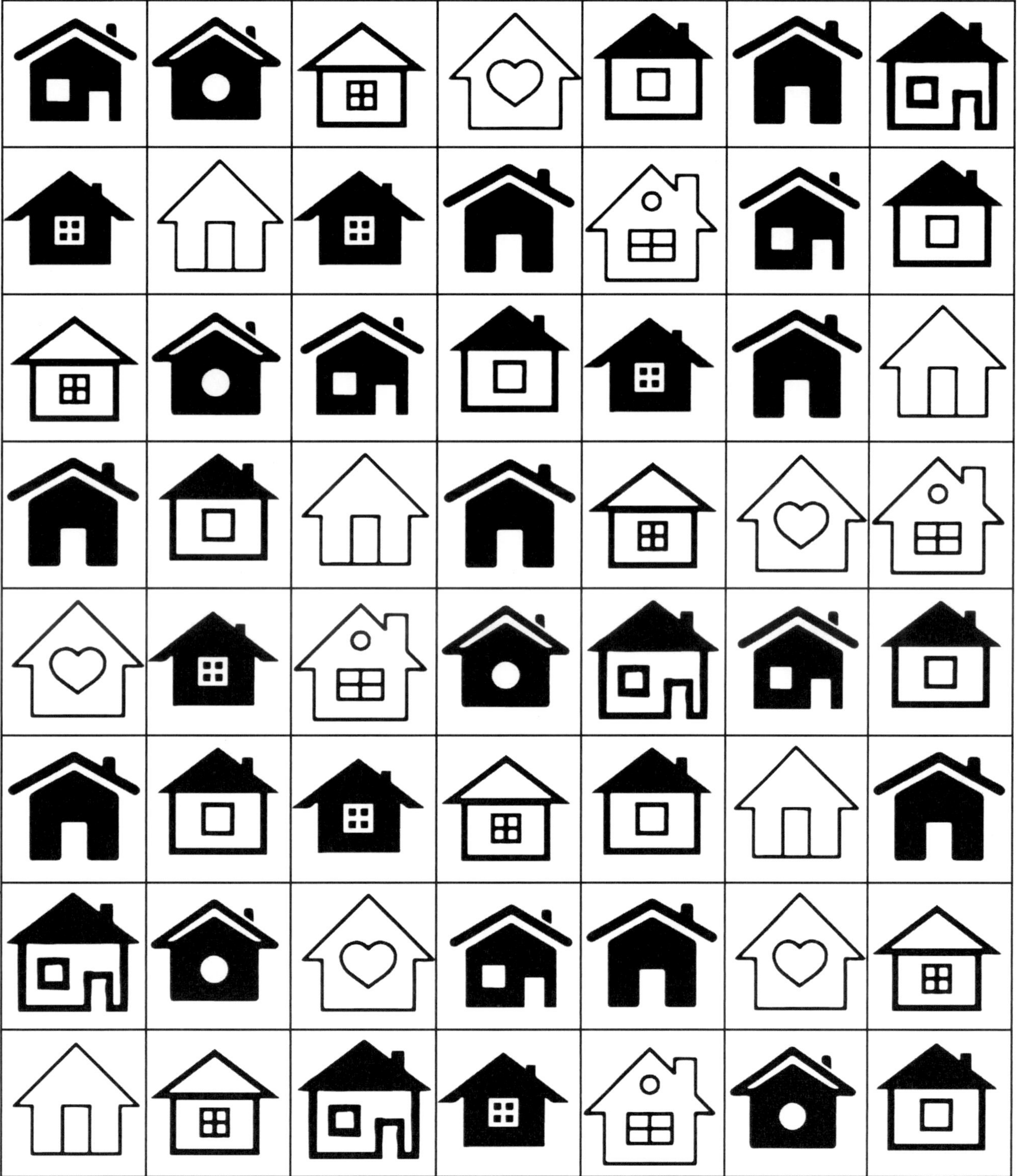

KOHL VERLAG AUFMERKSAMKEIT SCHÄRFEN Mit allen Sinnen bei der Aufgabe! Grundschule – Bestell-Nr. 12 717

2 Aufmerksamkeitsübungen mit Differenzierung

Abends räumt Noah seine Sachen ins Regal. Alles hat seinen Platz. Hilf Noah die Dinge an den richtigen Platz zu legen. Wo die einzelnen Gegenstände hingehören, siehst du in den untenstehenden Kästen.

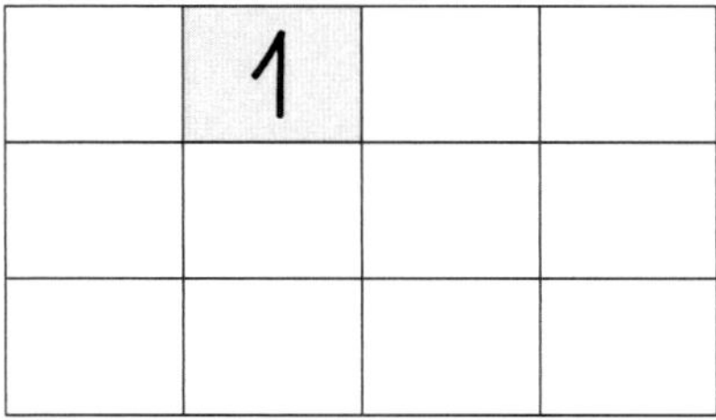

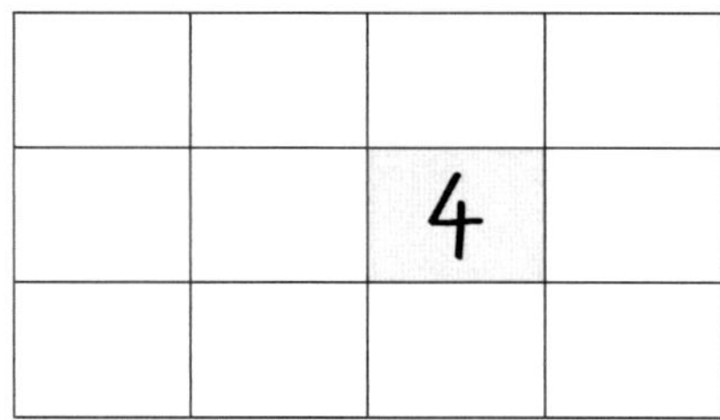

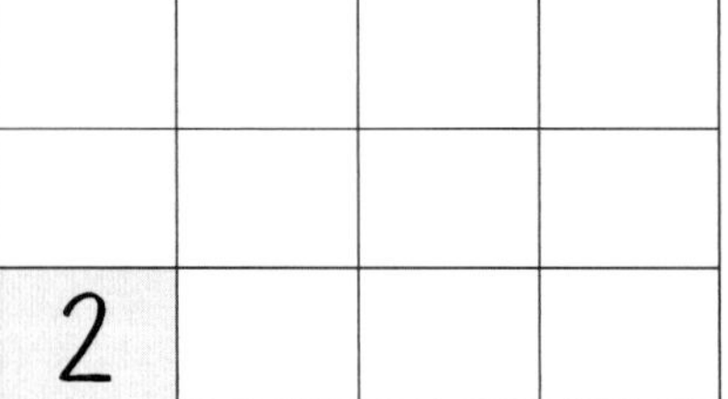

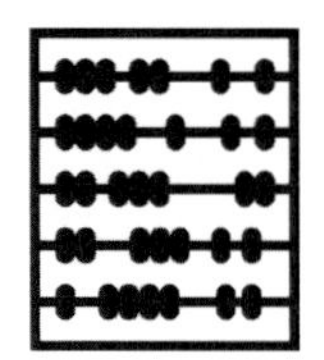

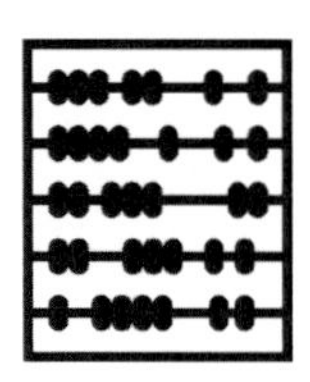

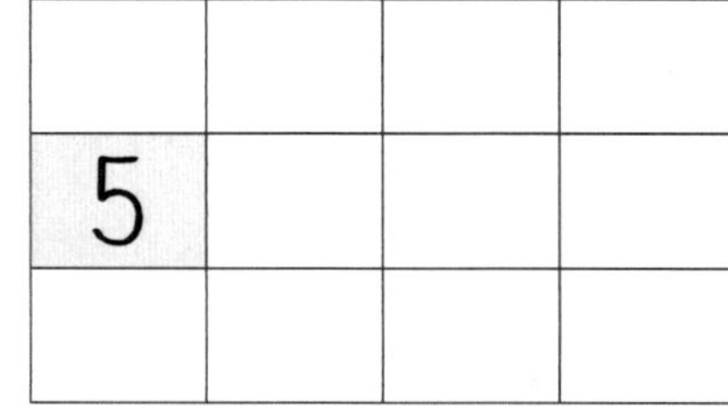

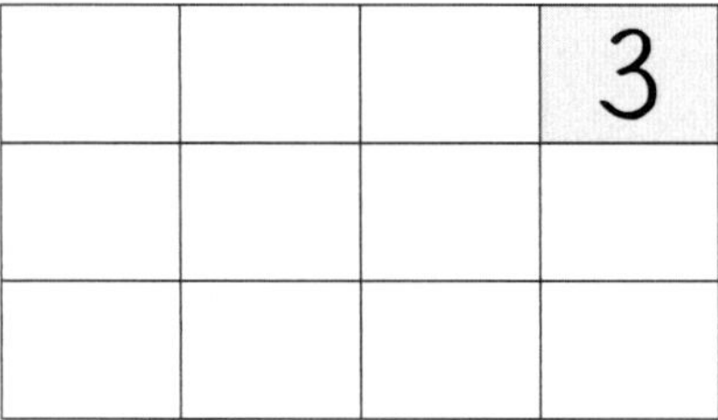

KOHL VERLAG AUFMERKSAMKEIT SCHÄRFEN Mit allen Sinnen bei der Aufgabe! Grundschule – Bestell-Nr. 12 717

2 Aufmerksamkeitsübungen mit Differenzierung

Sara möchte einen Fruchtsalat zubereiten. Sie legt alle Zutaten bereit.

Zeichne auf, was Sara an der jeweiligen Stelle auf den Tisch gelegt hat.

		▒		

____

	▒			

____

				▒

____

		▒		

____

			▒	

____

KOHL VERLAG AUFMERKSAMKEIT SCHÄRFEN Mit allen Sinnen bei der Aufgabe! Grundschule – Bestell-Nr. 12 717

Aufmerksamkeitsübungen mit Differenzierung

Verbinde die Personen in der vorgegebenen Reihenfolge mit einem Farbstift. Beginne mit dem Baby.

KOHL VERLAG AUFMERKSAMKEIT SCHÄRFEN Mit allen Sinnen bei der Aufgabe! Grundschule – Bestell-Nr. 12 717

 Aufmerksamkeitsübungen mit Differenzierung

In diesem Buchstabenfeld hat sich ein wichtiger Satz versteckt! Du findest ihn, indem du folgende Wörter wegstreichst:

EIS (6) SCHWIMMBAD (5) SONNE (2) WASSER (4) BOOT (8)

Die Wörter stehen so: ➲

Neben den Wörtern steht in der Klammer, wie oft sie vorkommen.

W	A	S	S	E	R	B	O	O	T
E	I	S	L	W	A	S	S	E	R
E	I	S	E	W	A	S	S	E	R
R	S	O	N	N	E	N	E	I	S
S	C	H	W	I	M	M	B	A	D
E	S	O	N	N	E	B	O	O	T
W	A	S	S	E	R	N	E	I	S
S	C	H	W	I	M	M	B	A	D
B	O	O	T	M	A	B	O	O	T
S	C	H	W	I	M	M	B	A	D
B	O	O	T	C	H	E	I	S	T
S	C	H	W	I	M	M	B	A	D
S	B	O	O	T	P	B	O	O	T
S	C	H	W	I	M	M	B	A	D
A	E	I	S	B	O	O	T	S	S

Die übrig gebliebenen Buchstaben ergeben der Reihe nach gelesen den Lösungssatz:

______ ______ ______ !

AUFMERKSAMKEIT SCHÄRFEN Mit allen Sinnen bei der Aufgabe! Grundschule – Bestell-Nr. 12 717

2 Aufmerksamkeitsübungen mit Differenzierung

Kreise die Musikinstrumente ein, die in dieser Form angeordnet sind:

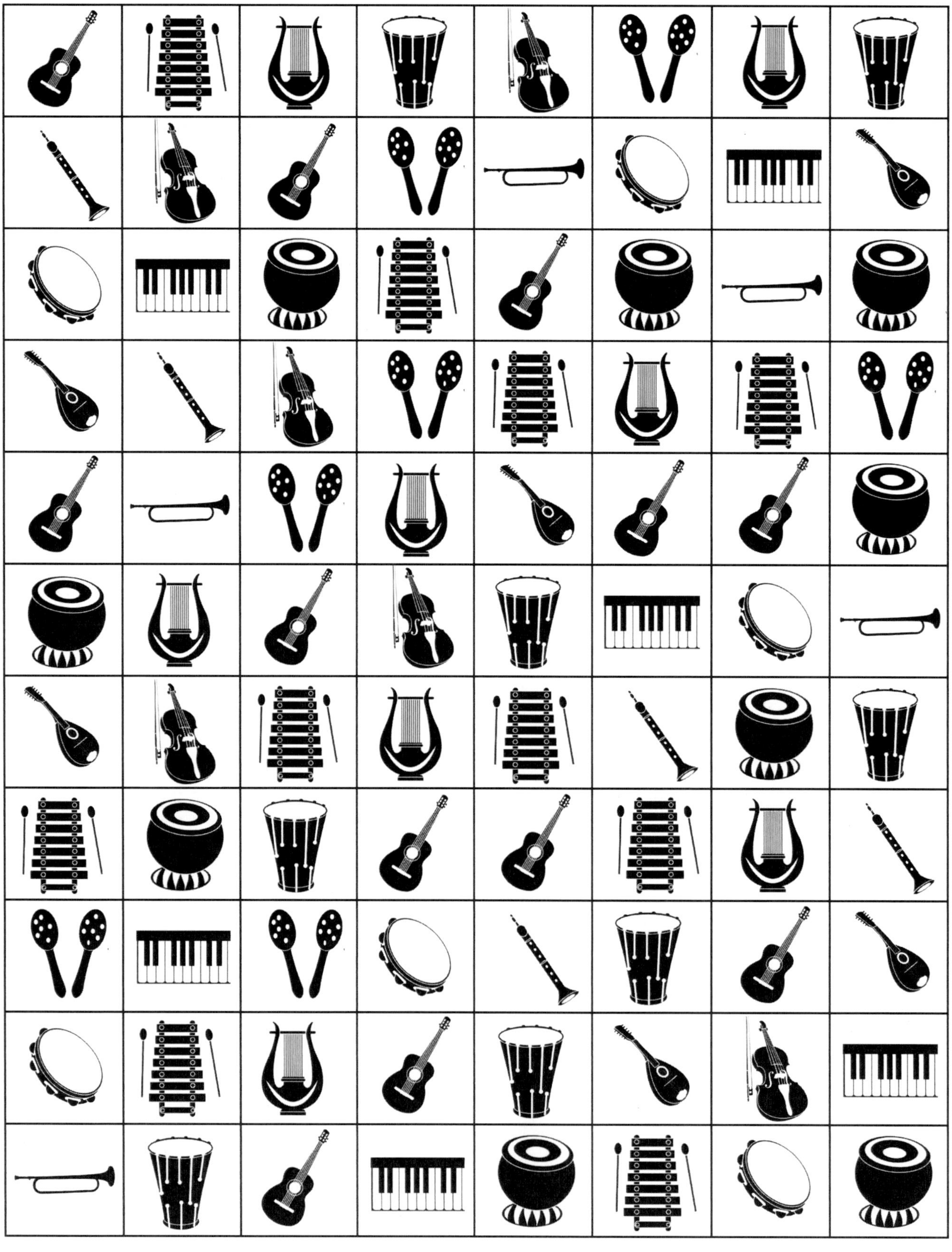

AUFMERKSAMKEIT SCHÄRFEN Mit allen Sinnen bei der Aufgabe! Grundschule – Bestell-Nr. 12 717
KOHL VERLAG

2 Aufmerksamkeitsübungen mit Differenzierung

Du siehst auf dem obersten Brett viele verschiedene Insekten.
In den darunterliegenden Brettern fehlt je ein Insekt.
Kannst du herausfinden welches jeweils fehlt?

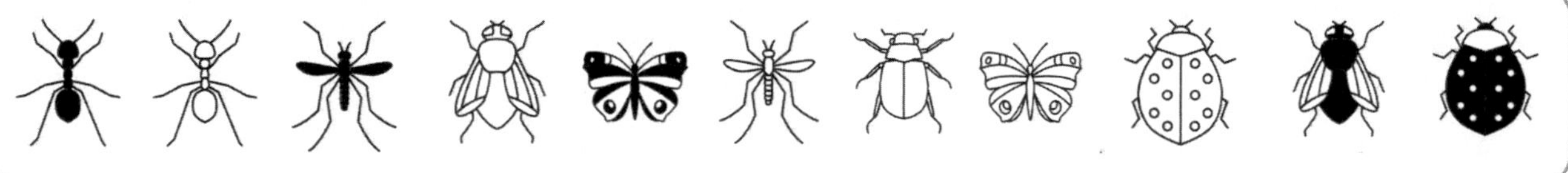

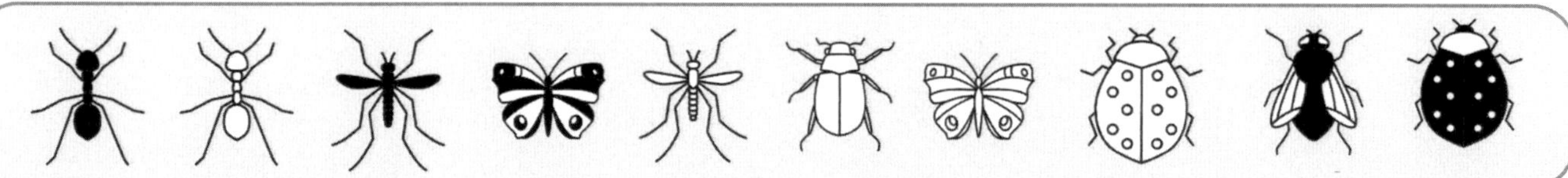

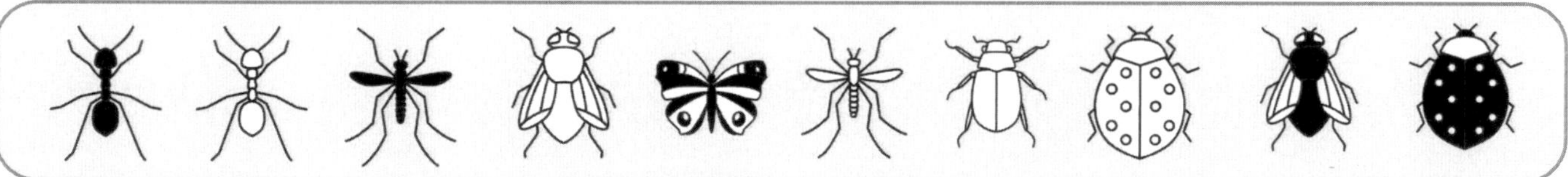

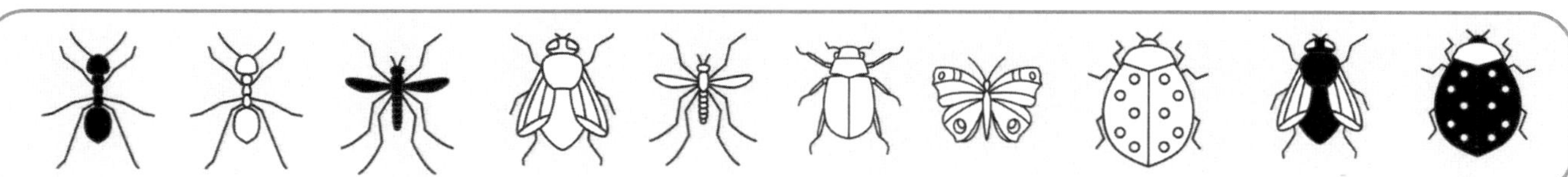

2 Aufmerksamkeitsübungen mit Differenzierung

Jetzt wird es kniffliger. Nun sind die Insekten auf den einzelnen Brettern durcheinandergelaufen. Kannst du auch hier die fehlenden Insekten finden?

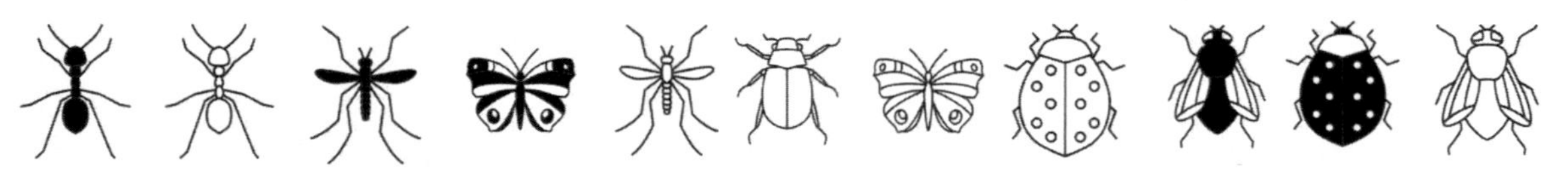

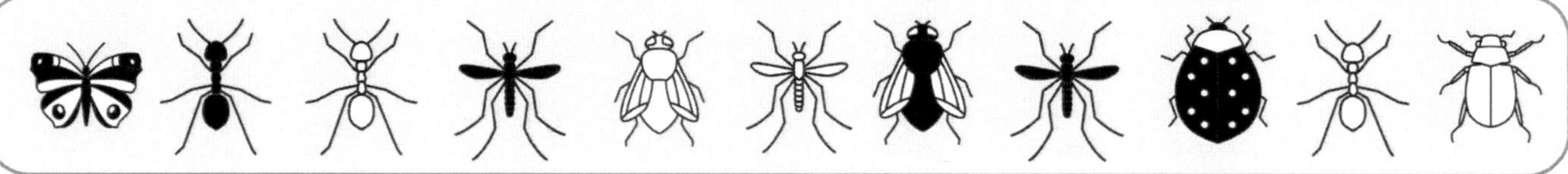

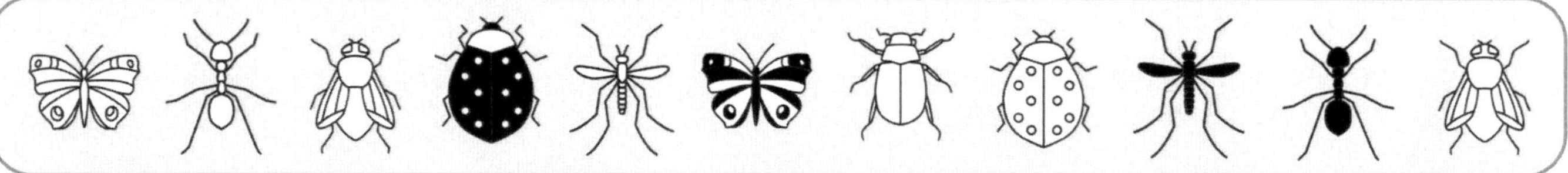

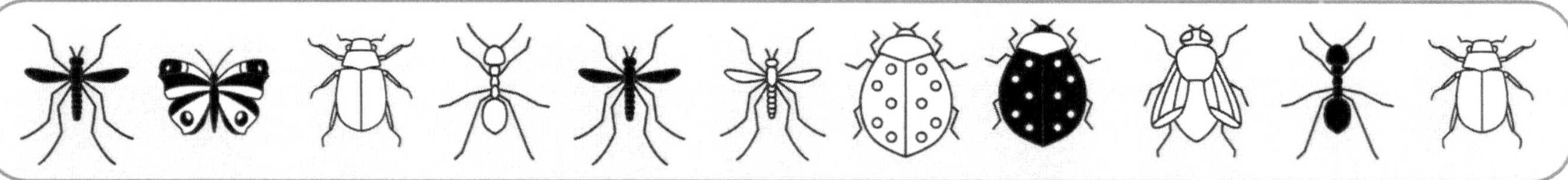

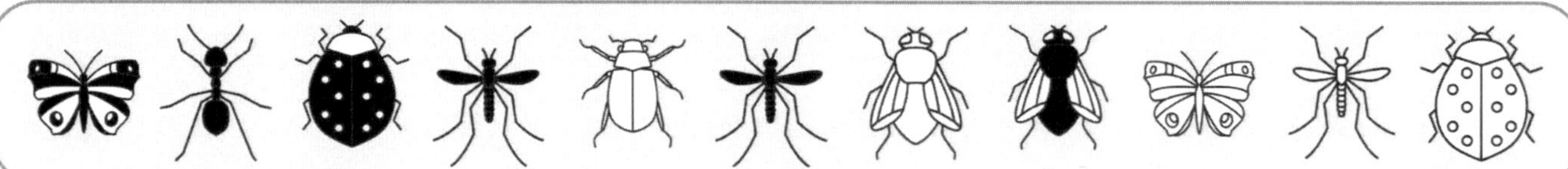

KOHL VERLAG Lernen mit Erfolg AUFMERKSAMKEIT SCHÄRFEN Mit allen Sinnen bei der Aufgabe! Grundschule – Bestell-Nr. 12 717

Aufmerksamkeitsübungen mit Differenzierung

Lisa schreibt Zahlen auf. Micha schreibt die Zahlen ab. Doch, hoppla, es hat sich in jeder Zeile ein Fehler eingeschlichen. Kannst du ihm helfen? Streiche jeweils die falsche Zahl durch und schreibe die richtige neben die Zahl.

995506	995~~6~~06	5
237345	237346	
564734	563734	
232541	233541	
897564	897664	
176543	176553	
453214	453224	
985624	985524	
457234	457334	
756483	756463	
354672	355672	
698462	699462	
476523	476533	
857635	857835	
253461	253451	
142332	142232	

Aufmerksamkeitsübungen mit Differenzierung

Diese Übung gefällt den Kindern. Jetzt hat Micha eine Idee: „Ich schreibe Buchstaben in einer Reihe auf!" Lisa schreibt sie in die Spalte daneben. Leider macht auch sie in jeder Zeile einen Fehler. Kannst du die Fehler finden?

JPGTWNA	JP~~G~~TWNA	G
DHSZUHE	DHZZUHE	
MJERTWE	MJERTVE	
NMKIOLD	NMRIOLD	
JKLIPUZ	JKLIPOZ	
NMIUZT	NMIUGT	
AGFSTRE	AGFSLRE	
KIUZJTR	KIOZJTR	
MUHJKIO	MUHJKJO	
OPIUZTR	OPIOZTR	
HJKIOLU	HJKIULU	
MKROPIU	MKBOPIU	
MNBHJKI	MNBHIKI	
BNHJGZU	BMHJGZU	
MKLIUZT	MKLJUZT	
SERDFTZ	SEFDFTZ	

KOHL VERLAG AUFMERKSAMKEIT SCHÄRFEN Mit allen Sinnen bei der Aufgabe! Grundschule – Bestell-Nr. 12 717

Aufmerksamkeitsübungen mit Differenzierung

„Jetzt habe ich eine ganz knifflige Idee!", ruft Micha begeistert.
Micha schreibt Buchstaben in zwei Spalten. Einmal in Großbuchstaben, dann in Kleinbuchstaben. In jeder Zeile verdreht er zwei Buchstaben miteinander.
Kannst du die Fehler finden?

LWNXIFP	lwnxfip	IF
KHJUIPL	khjiupl	
MJERTWE	mjretwe	
ADFSZET	adfzset	
HJGSZUE	hjgszeu	
NHJISUH	njhisuh	
AGFSTRE	agsftre	
KIUZJTR	kiuzjrt	
MUHJKIO	mhujkio	
NHJSUHA	nhjshua	
HJKIOLU	hjkoilu	
MKROPIU	kmropiu	
SKIOZUI	sikozui	
BNHJGZU	bnhjguz	
ADFSERT	adfesrt	

AUFMERKSAMKEIT SCHÄRFEN Mit allen Sinnen bei der Aufgabe! Grundschule – Bestell-Nr. 12 717

Aufmerksamkeitsübungen mit Differenzierung

Lisa hat noch eine Aufgabe für dich. Sie schreibt Tiernamen verkehrt herum auf. Kannst du sie richtig in die nebenstehenden Zeilen schreiben?

eztaK	
nawhcS	
tnafelE	
fahcS	
drefP	
nrohsaN	
ewöL	
effariG	
suaM	
niewhcS	
lesE	
hcsiF	
räbsiE	
drefpliN	
iegapaP	

AUFMERKSAMKEIT SCHÄRFEN Mit allen Sinnen bei der Aufgabe! Grundschule – Bestell-Nr. 12 717

Aufmerksamkeitsübungen mit Differenzierung

Jetzt wird es noch ein bisschen schwieriger. Die Wörter sind in Großbuchstaben verkehrt herum geschrieben. Kannst du die Obst- und Gemüsesorten richtig aufschreiben?

ENANAB	
LEFPA	
EREEBDRE	
OGNAM	
ENRIB	
EBUARTNIEW	
SANANA	
IWIK	
ESOKIRPA	
HCISRIFP	
ENOLEM	
EGNARO	
EGIEF	
ENORTIZ	
EMUALFP	

AUFMERKSAMKEIT SCHÄRFEN Mit allen Sinnen bei der Aufgabe! Grundschule – Bestell-Nr. 12 717

2 Aufmerksamkeitsübungen mit Differenzierung

Finde die Ausschnitte der Blumenwiese und male sie an:

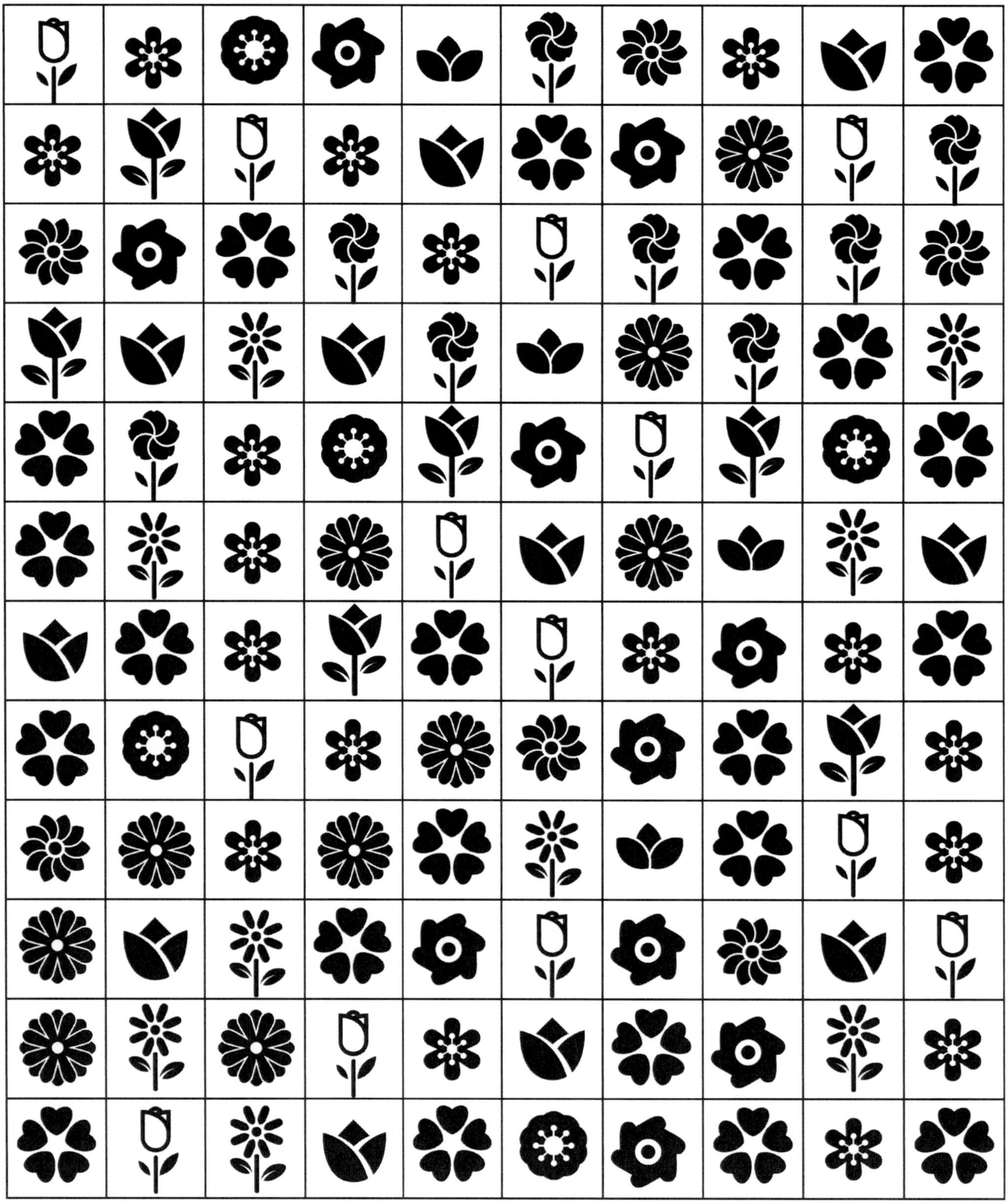

KOHL VERLAG AUFMERKSAMKEIT SCHÄRFEN Mit allen Sinnen bei der Aufgabe! Grundschule – Bestell-Nr. 12 717

2 Aufmerksamkeitsübungen mit Differenzierung

Noah liebt Sport. Am liebsten würde er alle Sportarten ausprobieren. Er hat sich ein paar Sportarten ausgesucht.
Kannst du diese Ausschnitte finden und anmalen?

KOHL VERLAG AUFMERKSAMKEIT SCHÄRFEN Mit allen Sinnen bei der Aufgabe! Grundschule – Bestell-Nr. 12 717

Aufmerksamkeitsübungen mit Differenzierung und Zusatzaufgabe

Die folgenden Übungen werden dich besonders herausfordern.
Für die Aufgaben, bei denen du im oberen rechten Eck ein Glöckchen siehst, benötigst du eine zweite Person.
Auf jedem Arbeitsblatt kannst du genau nachlesen, welche Aufgabe dir gestellt ist.
Du musst nicht nur eine Aufgabe am Arbeitsblatt erfüllen, sondern auch noch einen zusätzlichen Auftrag. Und zwar immer dann, wenn ein Glöckchen ertönt.
Sollte ihr kein Glöckchen bei der Hand haben, kann man auch auf andere Art und Weise einen Ton erzeugen, zum Beispiel indem man mit einem Löffel an ein Trinkglas schlägt.
Diese Übungen trainieren deine Aufmerksamkeit in besonderer Art und Weise. Sie sind allerdings auch anstrengend. Mache daher nicht zu viele auf einmal. Konzentriere dich auf die Übung, die du gerade machst!

Viel Spaß!

Aufmerksamkeitsübungen mit Differenzierung und Zusatzaufgabe

Streiche jeden dritten Bären durch und zähle dabei wie oft das Glöckchen läutet.

Die  hat _____-mal geläutet.

AUFMERKSAMKEIT SCHÄRFEN Mit allen Sinnen bei der Aufgabe! Grundschule – Bestell-Nr. 12 717

3 Aufmerksamkeitsübungen mit Differenzierung <u>und</u> Zusatzaufgabe

Streiche die Zahlen von 1 bis 30 der Reihe nach durch. Wenn du das Glöckchen läuten hörst, klatsche in die Hände und arbeite dann weiter.

16 13 6 15 10

2 21 7 8

5

19

12 14 17

25

22 9 30

1

4

26 27 18

11

28 20 3

23

29

24

Aufmerksamkeitsübungen mit Differenzierung und Zusatzaufgabe

Lege verschiedene Farbstifte bereit. Male die Felder mit unterschiedlichen Buchstabenpaaren rot an. Wenn das Glöckchen ertönt, wechsle die Farbe, usw.

Je öfter das Glöckchen ertönt ist, desto bunter wird das Bild.

BDA BDA	AGH AHG	NOR NOR	MBA MAB	NHJ NHJ	ASD ADS	BGH BGH	RET RTE
ASD ASD	HJK HKJ	NMK NMK	LÖP LÖP	LKJ LJK	NMB NMB	ASD ADS	LKJ LKJ
HJG HGJ	GBF GBF	DFR DRF	SYX SXY	NBH NBH	KLI KLI	POI POI	FGR FGR
NBV NVB	FDG FDG	SER SRE	CVD CVD	GFD GDF	WER WRE	BGF BGF	JKL JLK
VCF VCF	SEA SAE	NBG NBG	HJZ HJZ	GSA GSA	XDR XRD	VDF VFD	MNK MKN
YXD YXD	ASE AES	XER XRE	NMK NMK	GSC GCS	BNV BVN	QAS QSA	HUI HIU

KOHL VERLAG AUFMERKSAMKEIT SCHÄRFEN Mit allen Sinnen bei der Aufgabe! Grundschule – Bestell-Nr. 12 717

3 Aufmerksamkeitsübungen mit Differenzierung und Zusatzaufgabe

Streiche alle Pfeile, die nach rechts zeigen, mit einem roten Farbstift durch. Wenn die Glocke ertönt, stehe kurz auf und setzte dich dann wieder nieder und arbeite weiter.

→	↓	↑	↑	↓	↑	→	↑	→	↓	→	↓
↑	←	↓	↑	→	←	↓	↑	↓	↑	←	→
↑	↓	←	→	←	↓	↑	↓	↑	→	↓	↑
←	↑	↓	→	↓	←	→	↑	↓	→	↑	←
↓	→	←	↓	↑	↑	↑	→	↓	←	←	↓
↑	←	↓	←	↑	↓	←	↓	↑	↓	↑	←
→	↓	↑	↓	←	→	↑	↑	→	←	→	↑
↑	↑	→	↑	→	↑	←	→	↑	↓	↑	↓
→	→	↓	↑	↑	↑	↓	↑	→	↑	↑	→
↑	→	←	←	↓	→	↑	←	↑	↓	←	→
↓	←	↓	→	↑	↑	←	↓	↑	→	↑	←
←	↓	←	↑	←	↓	↑	↑	↑	↑	→	↓
↑	→	↑	→	↑	→	←	↓	→	←	→	←
↓	↑	↓	↑	↓	↑	→	←	↑	↑	↓	←
→	↑	→	↑	↑	↓	↑	↑	→	↓	→	↑

KOHL VERLAG AUFMERKSAMKEIT SCHÄRFEN Mit allen Sinnen bei der Aufgabe! Grundschule – Bestell-Nr. 12 717

Aufmerksamkeitsübungen mit Differenzierung und Zusatzaufgabe

Male alle Kästchen mit diesem Gesicht 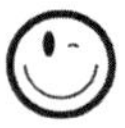 gelb an. Wenn das Glöckchen ertönt, stehe auf und gehe rund um den Tisch. Dann setze dich nieder und arbeite weiter, bis das Glöckchen erneut ertönt.

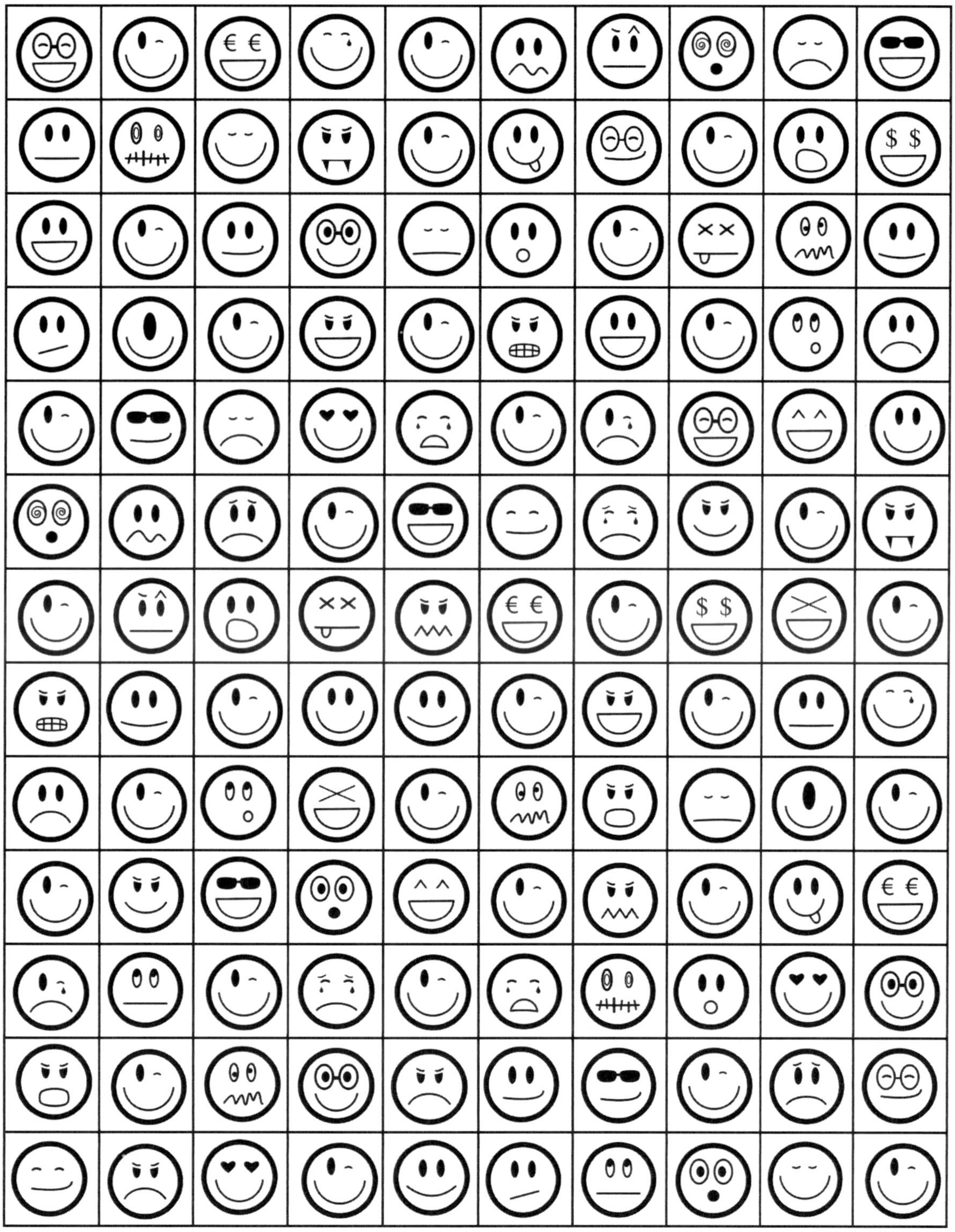

3 Aufmerksamkeitsübungen mit Differenzierung <u>und</u> Zusatzaufgabe

Zeichne je ein Kreuz in die Kästchen. Ertönt die Glocke, dann zeichne ein Dreieck. Anschließend zeichnest du wieder Kreuze bis erneut die Glocke ertönt, usw.

X	X	△							

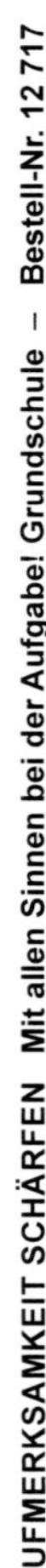

3 Aufmerksamkeitsübungen mit Differenzierung und Zusatzaufgabe

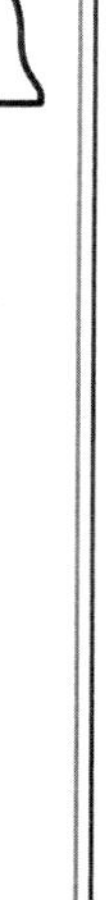

Zeichne je ein Kreuz in die Kästchen. Ertönt die Glocke, dann zeichne ein Viereck. Anschließend zeichnest du wieder Kreuze bis erneut die Glocke ertönt, usw.

X	□								

KOHL VERLAG
AUFMERKSAMKEIT SCHÄRFEN Mit allen Sinnen bei der Aufgabe! Grundschule – Bestell-Nr. 12 717

 Aufmerksamkeitsübungen mit Differenzierung und Zusatzaufgabe

Male jedes Kästchen mit der weißen Katze  mit einem Farbstift an.
Ertönt die Glocke, dann sprich das Wort, das du gerade siehst, z.B. Futternapf 
Anschließend male wieder alle weißen Katzen an, bis erneut die Glocke ertönt, ...

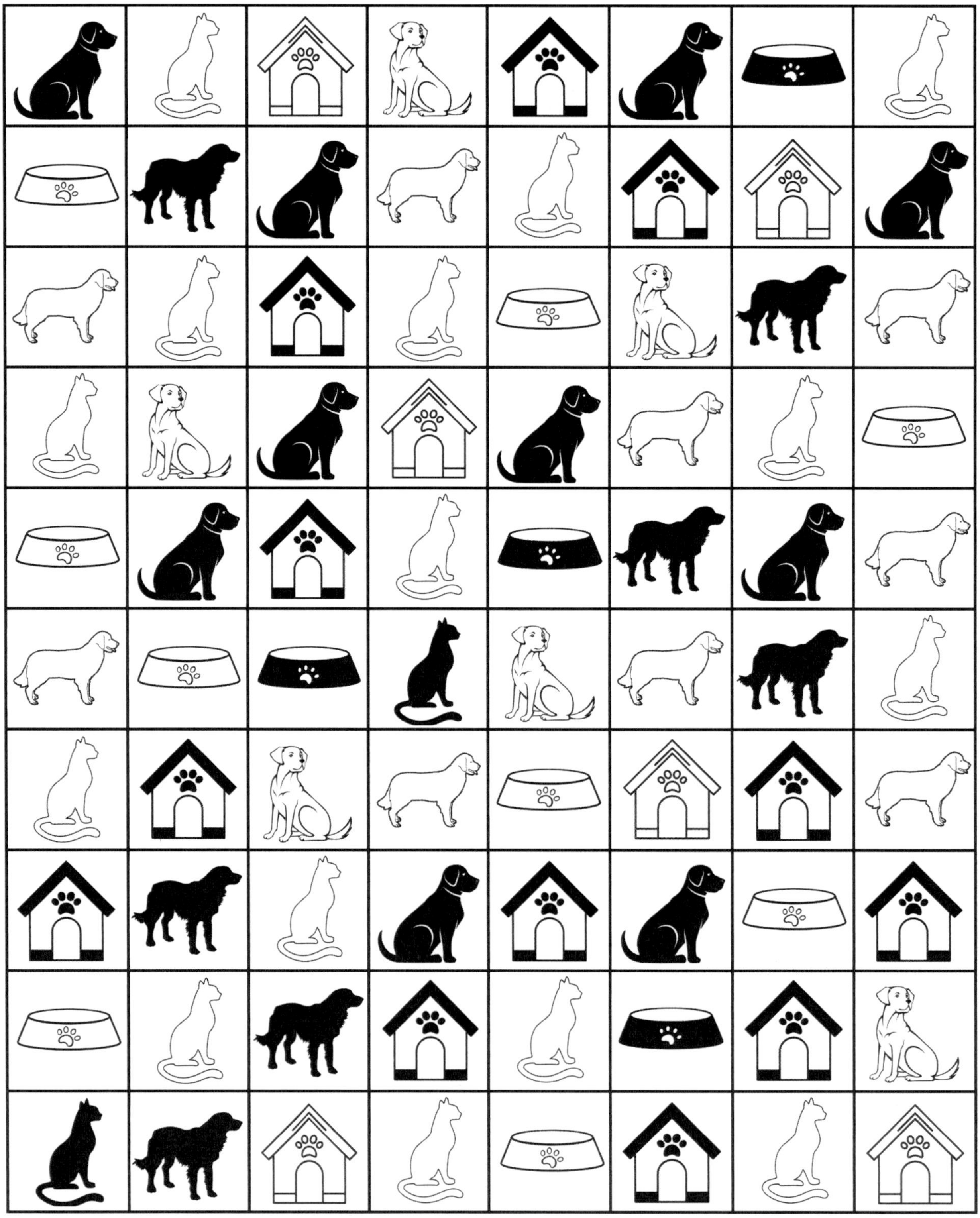

KOHL VERLAG AUFMERKSAMKEIT SCHÄRFEN Mit allen Sinnen bei der Aufgabe! Grundschule – Bestell-Nr. 12 717

Aufmerksamkeitsübungen mit Differenzierung <u>und</u> Zusatzaufgabe

Nun wird es ein bisschen schwieriger:
Male jedes Kästchen mit der weißen Hundehütte  mit einem Farbstift an.
Ertönt die Glocke, dann sprich das Wort und die Farbe, welche du gerade siehst, z.B. weißer Futternapf 
Anschließend male wieder alle weißen Hundehütten an, bis erneut die Glocke ertönt, ...

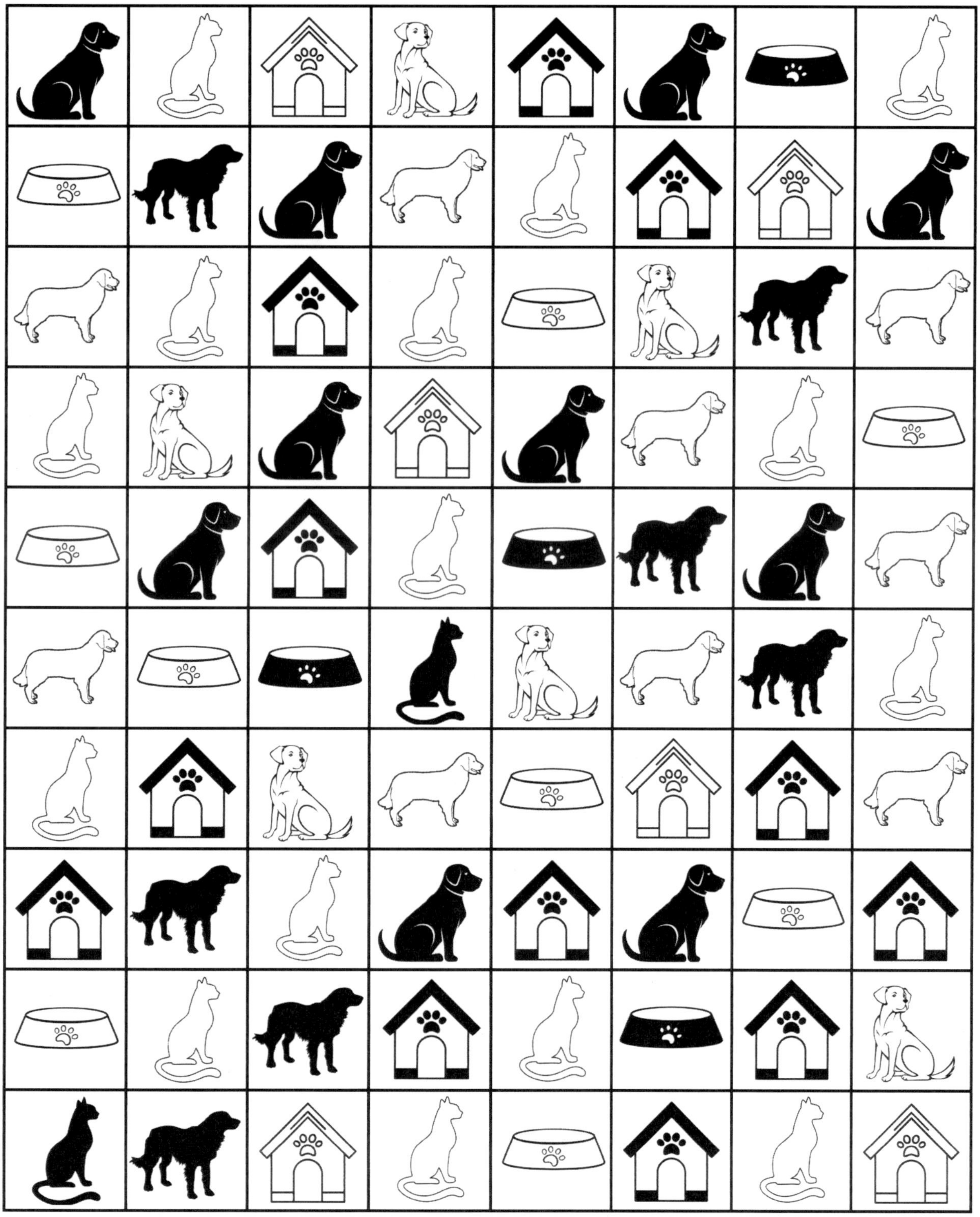

AUFMERKSAMKEIT SCHÄRFEN Mit allen Sinnen bei der Aufgabe! Grundschule – Bestell-Nr. 12 717
KOHL VERLAG

 Aufmerksamkeitsübungen mit Differenzierung und Zusatzaufgabe

Bist du bereit für eine neue Herausforderung?
Sprich der Reihe nach, was du in den Kästchen siehst: schwarzer Hund, weiße Katze, weiße Hundehütte, ...
Ertönt die Glocke, dann male das entsprechende Kästchen an.

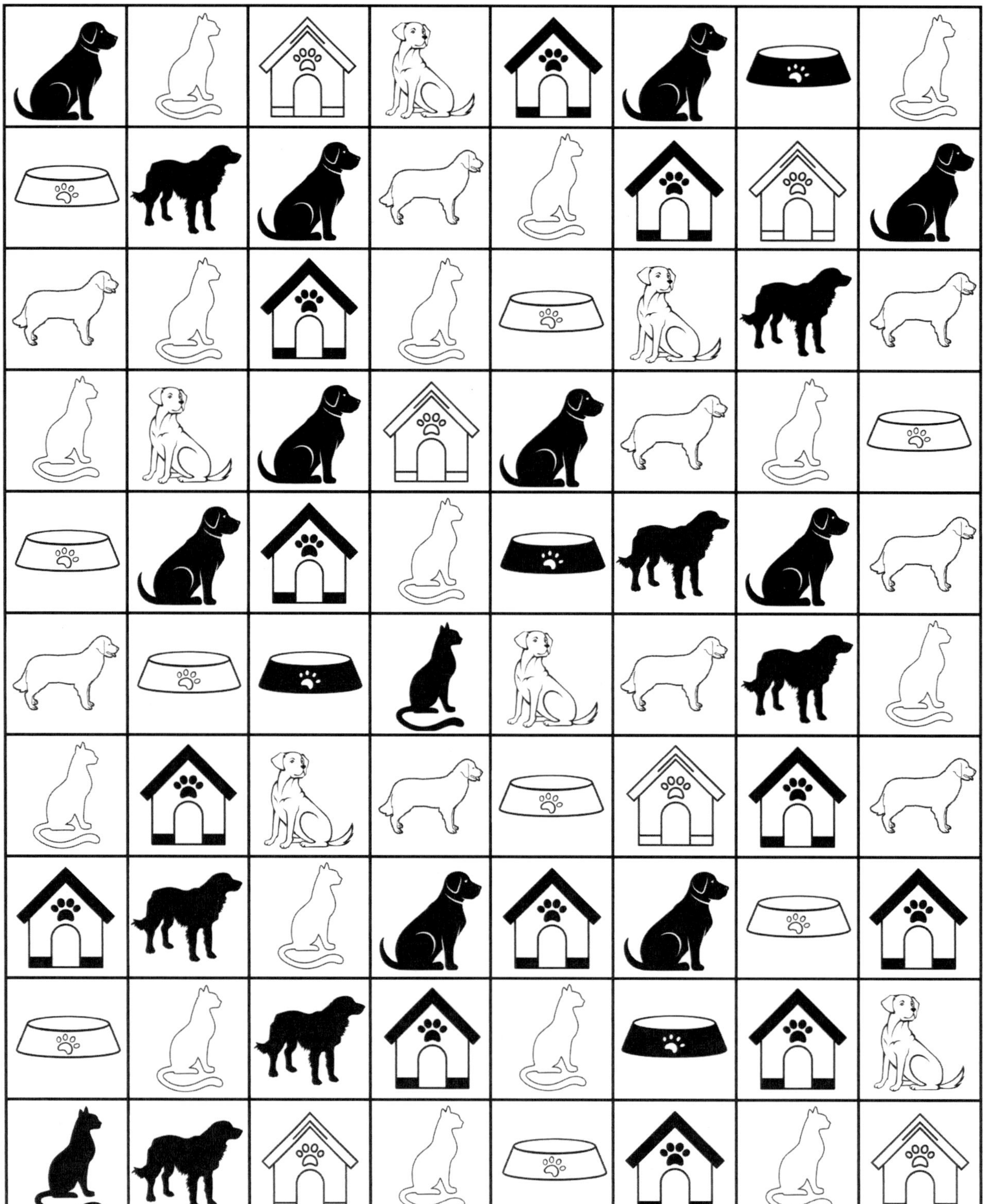

KOHL VERLAG AUFMERKSAMKEIT SCHÄRFEN Mit allen Sinnen bei der Aufgabe! Grundschule – Bestell-Nr. 12 717

Aufmerksamkeitsübungen mit Differenzierung und Zusatzaufgabe

Lies die Wörter auf dieser Seite.
Wenn das Glöckchen ertönt, dann lies die weiteren Wörter verkehrt herum. Ertönt wieder das Glöckchen, dann lies die Wörter wieder in die richtige Richtung ...

HASE	MAUS	GANS	HUND
BAUM	BLUME	OBST	GRAS
NASE	OHR	MUND	AUGE
APFEL	BIRNE	BANANE	TRAUBE
BLAU	ROT	GELB	GRÜN
STUHL	SOFA	TISCH	BETT
BACH	FLUSS	SEE	MEER
BLATT	STIFT	PINSEL	LINEAL
ROSE	TULPE	NELKE	LILIE
ANNA	LISA	NINA	TINA
LUKA	TIMON	MICHA	MARK
TOPF	TASSE	GLAS	TELLER

Aufmerksamkeitsübungen mit Differenzierung <u>und</u> Zusatzaufgabe

So, nun eine neue Herausforderung:
Lies jetzt die Wörter von rechts unten: Teller, Glas, Tasse, ...
Wenn das Glöckchen ertönt, beginne von links oben zu lesen: Hase, Maus, ...
Ertönt erneut das Glöckchen, dann lies dort unten weiter, wo du vorher aufgehört hast: Topf, ...

HASE	MAUS	GANS	HUND
BAUM	BLUME	OBST	GRAS
NASE	OHR	MUND	AUGE
APFEL	BIRNE	BANANE	TRAUBE
BLAU	ROT	GELB	GRÜN
STUHL	SOFA	TISCH	BETT
BACH	FLUSS	SEE	MEER
BLATT	STIFT	PINSEL	LINEAL
ROSE	TULPE	NELKE	LILIE
ANNA	LISA	NINA	TINA
LUKA	TIMON	MICHA	MARK
TOPF	TASSE	GLAS	TELLER

AUFMERKSAMKEIT SCHÄRFEN Mit allen Sinnen bei der Aufgabe! Grundschule – Bestell-Nr. 12 717
KOHL VERLAG

Aufmerksamkeitsübungen mit Differenzierung und Zusatzaufgabe

Lies jedes Wort vom kleinsten bis zum größten Buchstaben.
Wenn das Glöckchen läutet, dann strecke beide Arme in die Höhe und lies mit gestreckten Armen weiter, bis wieder das Glöckchen ertönt. Dann senke die Arme, bis wieder das Glöckchen ertönt, usw.

EGFRA	MERMOS	RTIWNE
AHAER	ZREKE	TEHF
TROTE	NABNEA	LFPAE
TOBS	MULEB	FSTA
ANES	PALEM	GERNE

AUFMERKSAMKEIT SCHÄRFEN Mit allen Sinnen bei der Aufgabe! Grundschule – Bestell-Nr. 12 717

Aufmerksamkeitsübungen mit Differenzierung und Zusatzaufgabe

Lies nun jeweils vom größten zum kleinsten Buchstaben.
Wenn das Glöckchen ertönt, dann male das Wort, das du gerade liest, mit einem roten Farbstift an. Zähle mit wie oft das Glöckchen ertönt.

CBHU	EHTF	ICLMH
LBLA	IHCLT	ITCSH
IEGEG	SNEES	RTTOE
ÖLEW	AHND	EBNI
RIBE	ILBD	OLHZ

Die [Glocke] hat ______-mal geläutet.

KOHL VERLAG AUFMERKSAMKEIT SCHÄRFEN Mit allen Sinnen bei der Aufgabe! Grundschule – Bestell-Nr. 12 717

3 Aufmerksamkeitsübungen mit Differenzierung und Zusatzaufgabe

Lege 5 verschiedene Farbstifte bereit. Male die Kästchen der Reihe nach mit den Farben an, zum Beispiel:

rot - blau - gelb - grün - rosa

Beginne dann wieder mit der ersten Farbe.
Wenn das Glöckchen ertönt, male ein Herz in das Kästchen, das du gerade angemalt hast.

Aufmerksamkeitsübungen mit Differenzierung <u>und</u> Zusatzaufgabe

Kreuze jedes Kästchen an.
Ertönt das Glöckchen, dann zeichne in das nächste Kästchen ein lachendes Gesicht

X									

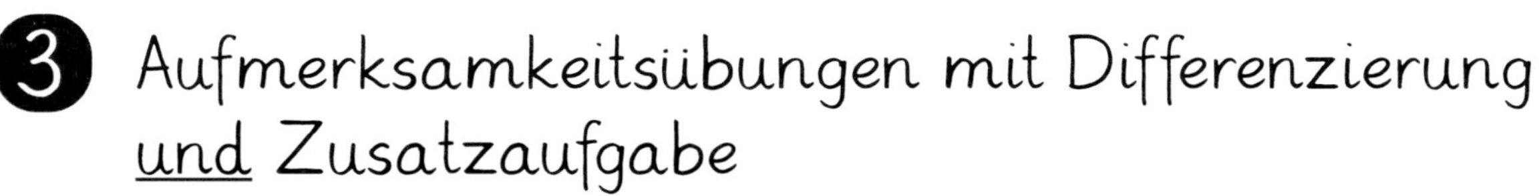

3 Aufmerksamkeitsübungen mit Differenzierung und Zusatzaufgabe

Tippe der Reihe nach (dem Alphabet nach) auf die Buchstaben a,b,c, ...
Ertönt das Glöckchen, dann sag den Buchstaben laut. Dann tippe weiter auf die Buchstaben bis das Glöckchen erneut ertönt.

v

g i

k

b

n

t

e q x

f

z

ABC

o

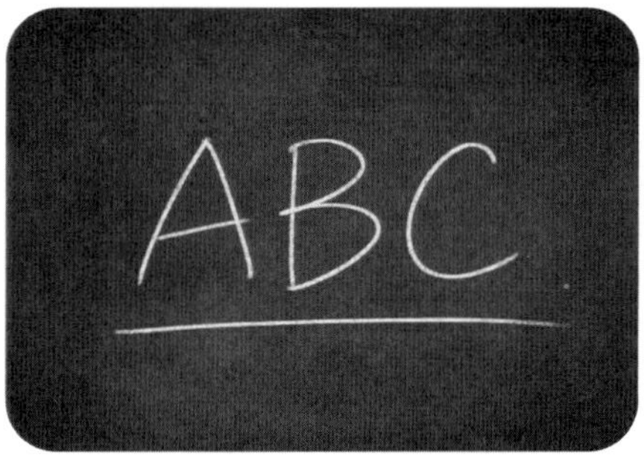

l

d y

a

m p

j

c

r

h

u w

s

KOHL VERLAG Lernen mit Erfolg AUFMERKSAMKEIT SCHÄRFEN Mit allen Sinnen bei der Aufgabe! Grundschule – Bestell-Nr. 12 717

Aufmerksamkeitsübungen mit Differenzierung und Zusatzaufgabe

Suche die Buchstabenkombination Ei und kreise sie ein. Ertönt das Glöckchen, dann stehe auf, springe in die Höhe und setze dich anschließend wieder nieder, um weiterzumachen.

RghTZeihjgEijkLöOPiEiuzhTelkl

mkEinmErtzgEiolkEijkmnkEikjd

fEiGhzTeEinbFdErtZgEikoPeEin

bnHuZEijkEijhuztEinkoPfriErEiL

EihgtzEikjHeEiojgtEinmbFrEihEi

hnBEiuzEijklEingEiolpöÜghtEiv

vgEijhEitzREhzEimkjuEiopEinfg

❸ Aufmerksamkeitsübungen mit Differenzierung <u>und</u> Zusatzaufgabe

Kreuze jedes Feld mit einem roten Stift an.
Wenn das Glöckchen ertönt, schließe die Augen und zeichne ein Kreuz mit geschlossenen Augen. Dann zeichne mit geöffneten Augen weiter, bis erneut das Glöckchen ertönt. Wie gut triffst du die Felder?

X									

KOHL VERLAG AUFMERKSAMKEIT SCHÄRFEN Mit allen Sinnen bei der Aufgabe! Grundschule – Bestell-Nr. 12 717

Lösungen

Lösungen gibt es für Übungen mit Lösungswörtern und Fehlersuche.

Die restlichen Übungen sind individuell zu lösen.

Seite 6	Die Lösung lautet <u>Noemi</u>.
Seite 8	Spieluhr
Seite 9	APFEL; ERDBEEREN; MANGO, BIRNE; HIMBEEREN; ANANAS HEIDELBEEREN; ORANGE
Seite 10	GUT GEMACHT
Seite 11	SUPERHIRN!
Seite 12	AUFMERKSAM
Seite 13	60 Affen
Seite 14	KIRSCHKUCHEN
Seite 18	8 Fehler
Seite 19	4-mal
Seite 20	Dina: Wasserball / Samuel: Tischtennis
Seite 21	Katzenjammer
Seite 22	Sommer, Frage, Winter, Heft, Kerze, Schwimmbad, Banane, Apfel, Torte, Haare, Obst, Blume, Apfelmus, Traubensaft, Schokolade
Seite 23	RÄTSEL LÖSEN MACHT SPASS
Seite 24	die Lösung findest du auf Seite 25
Seite 26	A, R, T, Z.; Arzt
Seite 27	Die niedrigste Zahl ist 2. Die höchste Zahl ist 98.
Seite 33	Lernen macht Spaß!
Seite 34	5-mal
Seite 35	weiße Fliege, weißer Schmetterling, schwarze Fliege, schwarzer Schmetterling
Seite 36	weißer Marienkäfer, schwarze Fliege, weißer Schmetterling, weiße Ameise
Seite 40	Katze, Schwan, Elefant, Schaf, Pferd, Nashorn, Löwe, Giraffe, Maus, Schwein, Esel, Fisch, Eisbär, Nilpferd, Papagei
Seite 41	Banane, Apfel, Erdbeere, Mango, Birne, Weintraube, Ananas, Kiwi, Aprikose, Pfirsich, Melone, Orange, Feige, Zitrone, Pflaume
Seite 57	Frage, Sommer, Winter, Haare, Kerze, Heft, Torte, Banane, Apfel, Obst, Blume, Saft, Nase, Palme, Regen
Seite 58	Buch, Heft, Milch, Ball, Licht, Tisch, Geige, Essen, Torte, Löwe, Hand, Bein, Brei, Bild, Holz
Seite 62	30-mal Ei

AUFMERKSAMKEIT SCHÄRFEN Mit allen Sinnen bei der Aufgabe! Grundschule – Bestell-Nr. 12 717